INDICE

Minha história 05

O que é um Freelancer? 08

O que faz um Freelancer? 09

Quais as vantagens em ser Freelancer? 10

Quais as desvantagens em ser Freelancer? 15

Como se tornar um Fotógrafo Freelancer? 19

POV: Quando eu sou o contratante - Fabio Laub 23

Como ser o melhor Freelancer do mundo? 29

Talento vs Comprometimento 34

Estilo fotográfico, ter ou não ter? 35

Direitos e Deveres do Freelancer 37

Como e quanto cobrar para ser Freelancer? 43

Quanto tempo para deixar de ser Freelancer? 48

Carta ao fotógrafo freelancer 50

Carta ao primeiro fotógrafo 51

2024 © Todos os direitos reservados à Rafael de Moura Petrocco e aos colaboradores.
Reprodução total ou parcial somente com autorização do autor.
Colaboradores: Fabio Laub, Pedro Nunes e Alecsandra Ferreira.

OBJETIVO

O principal objetivo deste ebook é o de me deixar rico e famoso sem precisar trabalhar ... Brincadeirinha! Para isso, eu jogo na Mega Sena.

Desde o primeiro convite que recebi, para falar sobre o tema "SEGUNDO FOTÓGRAFO", busco uma maneira de documentar e compartilhar minhas experiências e aprendizados. A primeira ideia foi a de criar um curso online, porém a falta de tempo e estrutura para organizar e gravar as aulas fizeram com que ela ficasse em segundo plano.

Com isso, navegando pela internet, lembrei que poderia fazer algo que era mais comum há alguns anos, mas que continua tão eficiente quanto o seu auge, um livro digital: "o famoso e-book".

Confesso que, para quem está acostumado e tem uma certa facilidade para escrever, produzir esse material não foi tão simples assim, provavelmente ele passará por atualizações, mas prometo que em todas elas compartilharei tudo o que aprendi em 13 anos de profissão.

Esse conteúdo não é só para quem quer ou está iniciando na fotografia, é também para profissionais que já atuam no mercado. Afinal, o tema FREELANCER ou SEGUNDO FOTÓGRAFO (como preferir), ainda é um tabu no mercado fotográfico. Pouco se fala sobre esse tipo de profissional e como criar uma relação saudável que pode ajudar (ou não) a desenvolver a fotografia e os negócios de um colega de profissão.

Gostaria de lembrar que esse e-book não é um livro de regras a serem seguidas, pode ser considerado um manual de boas práticas para embasar uma relação benéfica entre contratante e contratado. E com muita sorte e fé, poderá ser um divisor de águas ao quebrar alguns paradigmas que existem sobre o tema e ajudar na construção de uma nova forma de ver o "concorrente".

Espero que goste e aproveite!

AGRADECIMENTOS

A Deus, por me capacitar e me dar a oportunidade de compartilhar aquilo que aprendi. Aos meus pais, pela criação e a educação que me ajudaram a me formar como homem, marido e pai.

A minha família, que é a minha motivação para enfrentar os desafios. Aos meus professores, da escola e da vida, que ampliaram meu horizonte para além da leitura e da escrita.

Aos profissionais, que acreditaram na minha capacidade e talento, e me ofereceram a possibilidade de desenvolver minhas habilidades.

E um agradecimento em especial às pessoas que acompanham meu trabalho como fotógrafo e produtor de conteúdo, incluindo você que está lendo esse e-book preparado com muito carinho.

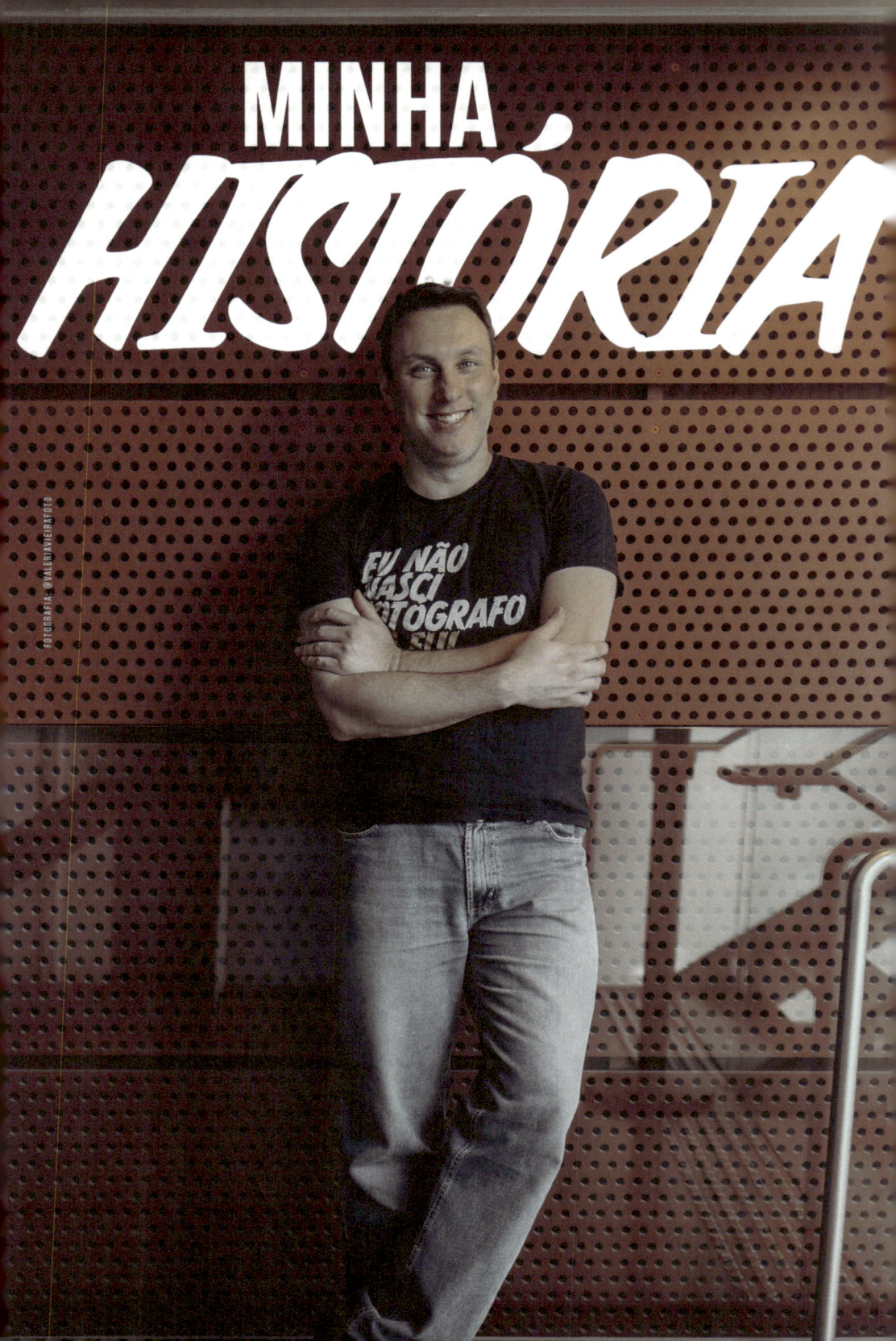

MINHA HISTÓRIA

Para que o conteúdo deste e-book faça algum sentido, preciso compartilhar com você um pouco da minha história na fotografia. Ela foi, e é, fundamental para que vocês possam entender as experiências, histórias e dicas que irei compartilhar.

Meu nome é Rafael de Moura Petrocco, mais conhecido como Rafa Petrocco (e isso vocês já sabem), sou formado técnico em Publicidade e Propaganda, fiz faculdade de Design Gráfico, trabalhei no Departamento de Marketing de uma empresa de tecnologia e comecei na fotografia depois do meu casamento. Sou criador e apresentador do podcast Papo de Fotógrafo (www.papodefotografo.com.br), marido da Camila e papai da Elena e da Sofia.

Com 13 anos, tive a minha primeira experiência com a fotografia social. Fui assistente do padrinho do meu irmão, que era fotógrafo de casamento, por algumas vezes. A minha função era a de segurar o flash (off câmera, disparado por fotocélula) em momentos muito específicos, e comer durante a festa. Ganhava a quantia milionária de R$20,00 por trabalho. Mas nunca pensei em seguir na área.

Até que um dia, resolvendo algumas questões do meu álbum de casamento, o fotógrafo Alécio Ferreira , me fez uma proposta, a de trabalhar com ele e cuidar do site e ajudar na diagramação de álbum do estúdio. Como eu estava em um momento de transição de carreira, queria sair do meio publicitário, decidi encarar o desafio

Alguns meses depois, no "desespero" de precisar de um 2º fotógrafo, pois não tinha nenhum disponível para uma certa data, ele coloca uma câmera na minha mão e diz: "Neste final de semana, você vai fotografar comigo. Aceita?". A minha única experiência com fotografia era a de fotografar minhas viagens com uma cybershot, mas como ele disse que "dava conta" sozinho, e que minha presença era só para cumprir contrato, resolvi aceitar.

Em uma semana aprendi o que era ISO, abertura do diafragma e velocidade do obturador. Fotografamos o casamento, e para nossa surpresa, deu para aproveitar algumas das imagens. Umas 50 pelo menos.

A partir desse momento, as coisas começaram a mudar, passei a me interessar mais pela fotografia social. Queria entender melhor como funcionava a câmera, como faziam aquelas fotografias que eu colocava no álbum. Pedi a câmera emprestada algumas vezes para praticar, e também comecei a participar de alguns workshops para desenvolver essa nova função, ou melhor, profissão.

Com 6 meses de carreira na fotografia, fiz um workshop de retratos com o fotógrafo Jorge Bispo (daria para fazer um outro e-book com as histórias deste dia), e algum tempo depois fiz um outro com o fotógrafo Guilherme Riguetti, que era a referência de fotografia de casamento em Campinas na época, e que um ano depois, seria meu "chefe".

Depois de 1 ano na Digital Art, estúdio do Alécio, fui contratado pelo Guilherme Riguetti. Lá, a minha função era ajudar com o tratamento de imagem e diagramação de álbuns durante a semana (trabalho fixo), fotografar casamentos no final de semana junto com a equipe quando houvesse necessidade (freelancer). Nesse momento, minha fotografia dá um salto, pois consigo absorver o que eu vejo durante os eventos com o resultado na hora da edição e tratamento.

Mas o maior ensinamento não está no fotografar e sim no antes e no depois, ou seja, no atendimento e na pós-venda. Por estar no dia-a-dia do estúdio, além de fazer as tarefas que eram da minha função, conseguia acompanhar nos bastidores, como funcionava a venda e a entrega do trabalho, aprendizado que quase nenhum curso oferece e foi assim por 4, 5 anos.

Nesse período, o Papo de Fotógrafo nasceu, cresceu e precisava de mais dedicação para dar certo e continuar evoluindo. E na minha cabeça só existia uma forma de conciliar a fotografia com a produção de conteúdo, sendo freelancer. Assim, eu conseguiria me dedicar ao podcast durante a semana, já que eu não estaria mais no estúdio, e continuaria fotografando casamentos nos finais de semana, para poder pagar as contas.

Porém, essa vida de freelancer foi além do esperado. Com o sucesso do Papo de Fotógrafo e o networking criado a partir dele, amigos e colegas de profissão começaram a perguntar se eu fazia freelancer exclusivamente para o Guilherme Riguetti ou se a minha agenda era aberta para qualquer profissional, e como não havia nenhum combinado de exclusividade, eu acabava sendo convidado (contratado) para fotografar com outros profissionais.

Nesse momento, gostaria de fazer um adendo.

Fui uma pessoa privilegiada desde o meu início de carreira. Tanto o Alécio, quanto o Guilherme, sempre foram pessoas e profissionais incríveis, que me incentivaram a buscar conhecimento, a desenvolver a minha fotografia. Me emprestavam equipamentos, me ajudavam com os custos de workshops e congressos, além de compartilharem tudo o que sabiam sobre fotografia, eram verdadeiros professores. Talvez eu conte algumas histórias desse relacionamento aqui nesse e-book.

A partir desses convites para fotografar com outros profissionais, surgiram também convites para falar sobre essa oportunidade que a fotografia oferece, a de ser freelancer (ou 2º fotógrafo). Palestrei sobre esse tema em grandes congressos como Wedding Brasil, Photimage Brasil, Conferência Lampião, e em encontros com fotógrafos como o Papo do Bem e o Humanamente. Além de gravar um curso para a PhotosTv, que depois foi para a grade de conteúdos da Eduk.

Hoje, posso dizer com orgulho que já trabalhei com mais de 40 fotógrafos de todo o Brasil (não vou citar todos aqui para não correr o risco de esquecer e chatear alguém). Alguns conhecidos, outros nem tanto, mas todos com muito talento e competência no que fazem.

Com 13 anos de experiência e muitos casamentos na bagagem, posso dizer que a decisão de ser freelancer, foi acertada em diversos aspectos. Mesmo que algumas pessoas digam que financeiramente, ser dono do próprio negócio possa ser mais rentável. O que pode até ser verdade, mas que se o "freela" souber como gerenciar a carreira, ele pode lucrar mais trabalhando para outros profissionais do que para si mesmo.

Será que isso pode acontecer? Veremos depois que você terminar de ler esse e-book e colocar todas as dicas em prática.

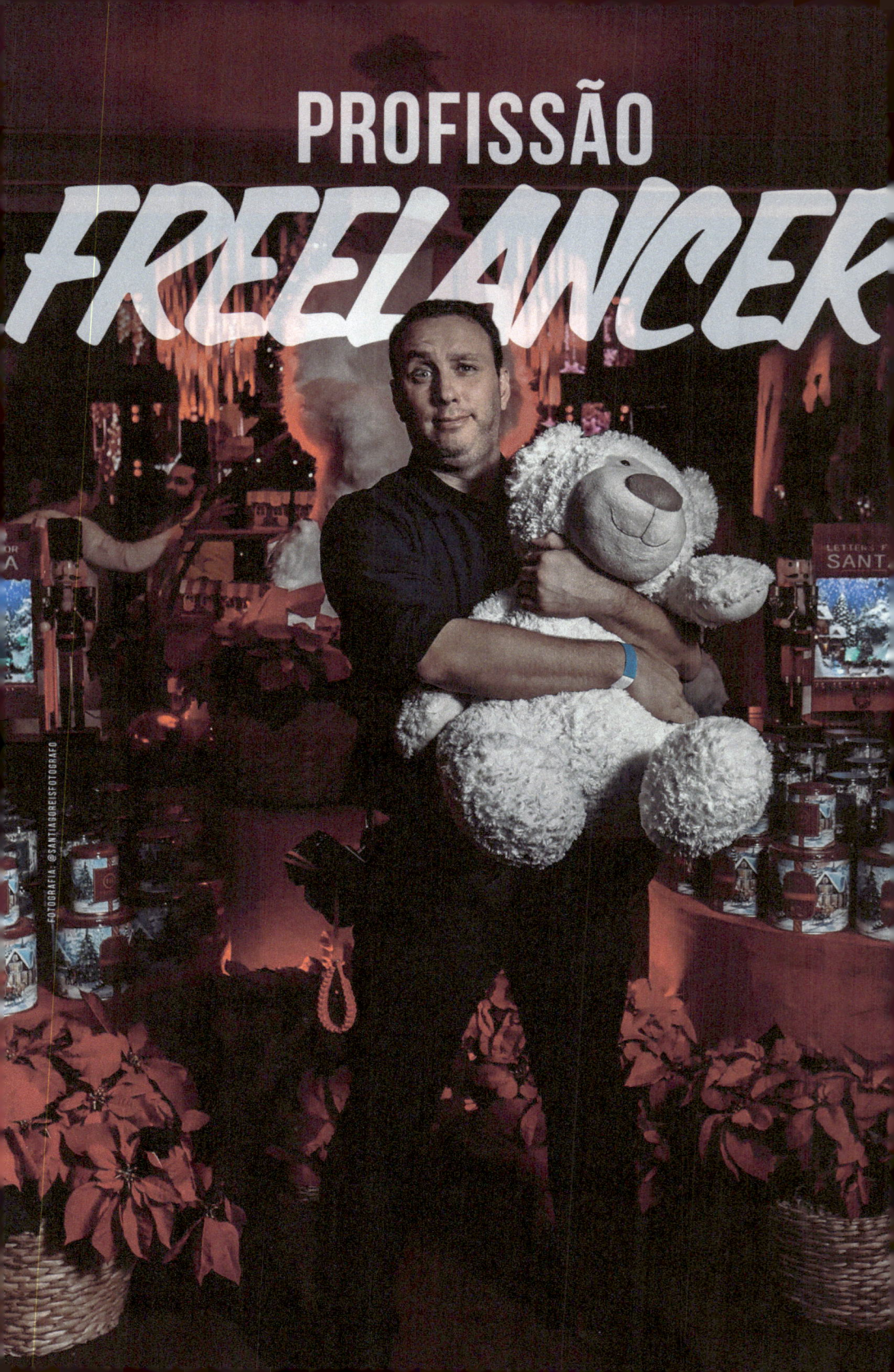

O QUE É UM FREELANCER?

Freelancer é a palavra em inglês para trabalhador autônomo. Ou seja, na teoria ela se refere a quase todos os profissionais do audiovisual, o que inclui fotógrafos e videomakers. Mas no mercado fotográfico, esse termo é usado frequentemente para aqueles profissionais que prestam serviços para outros fotógrafos, em sua maioria, como assistentes e/ou fotógrafos auxiliares. Principalmente na fotografia social.

O QUE FAZ UM FREELANCER?

O trabalho de um freelancer pode ser específico ou generalista. No audiovisual existem inúmeras funções que um freelancer pode exercer. Apesar de boa parte do conteúdo desse e-book ser aplicável a qualquer um desses profissionais, em alguns momentos vamos falar exclusivamente do 2º fotógrafo (ou fotógrafo assistente).

Nesse caso, a principal função é dar suporte ao fotógrafo contratado (que passarei a chamar de 1º fotógrafo), e mesmo assim, o seu trabalho vai depender de como o contratante organiza seu fluxo em um dia de trabalho.

Na fotografia de casamento, por exemplo, o "freela" normalmente é o responsável por garantir o "arroz com feijão", aquelas imagens que vão completar o álbum, enquanto o 1º fotógrafo está livre para ser o artista. Mas isso não é uma regra. Existem profissionais que fazem o inverso, ou até dividem a tarefa de fazer o arroz com feijão e o artístico ao mesmo tempo.

Eu mesmo, quando trabalhei com o Riguetti, exercia uma das funções de acordo com a equipe da qual eu faria parte. Quando estava na equipe do Guilherme, eu o deixava mais livre para criar, e quando estava na equipe da Mauriane (esposa do Guilherme), eu era o artista.

Hoje, trabalhando para outros fotógrafos, a minha principal função é garantir o arroz com feijão, e depois posso criar, ser artista, quando já tiver "garantido a imagem que vai para o álbum".

QUAIS AS VANTAGENS DE SER FREELANCER?

Existem várias maneiras de começar na fotografia, entre elas:

- Nascer em uma família de fotógrafos;
- Estudar fotografia (curso ou matéria) na faculdade;
- Comprar uma câmera (sim, é uma maneira de começar);
- Gostar de fotografar com o celular (sim, também é uma maneira de começar, principalmente com celulares tão tecnológicos);
- Ser "freela";

De todas as opções, nascer em uma família de fotógrafos poderia ser a melhor maneira de começar uma carreira na fotografia, mas não é bem assim. Normalmente, por vivenciar a fotografia em tempo integral e ver a realidade dos bastidores, não há tanto "glamour" quanto aparenta nas outras opções. Muitos amigos que já nasceram dentro da fotografia, relatam que nunca cogitaram seguir a profissão dos pais. E depois mudaram de ideia.

É claro que ter o DNA de um fotógrafo vai facilitar um pouco o processo de aprendizagem e também acesso a equipamentos, porém existe uma outra opção que pode acelerar o desenvolvimento da carreira. Vamos falar sobre ela a seguir.

Enquanto gostar, comprar uma câmera e estudar fotografia, depende exclusivamente da própria dedicação, e tem um período mais longo de aprendizado, já que serão muitas tentativas, com mais erros e acertos, ser freelancer pode ser um atalho para alcançar seu principal objetivo.

Como contei no capítulo da minha história, enquanto fotografar com bons profissionais me ajudava no desenvolvimento da minha fotografia, estar no dia-a-dia do estúdio me ensinava um pouco mais o lado do negócio da fotografia. Mas esse assunto de bastidores, conversaremos em outro momento.

No meu ponto de vista, ser freelancer pode ter muito mais pontos positivos do que negativos, porém nem tudo são flores. Trabalhar para outros profissionais tem suas vantagens, mas não é perfeito. Não é à toa que muitos profissionais preferem se dedicar à carreira de 2º fotógrafo. Que foi/é o meu caso, portanto, posso me usar de exemplo para começar com a lista de benefícios em que ser freelancer.

Mais tempo livre - Como sabem, o que um fotógrafo menos faz é fotografar. Há também um processo burocrático que demanda muito tempo. Tempo esse que um fotógrafo freelancer poderá usar de uma outra forma. No meu caso, decidi me dedicar ao Papo de Fotógrafo, e que depois dividi com a função de pai, cuidando da Elena e da Sofia, nos horários em que elas estão em casa, ou seja, há uma maior flexibilidade para se dedicar a outras atividades, como fotografar trabalhos para si ou para terceiros.

(IR)Responsabilidade - Não! Você não leu errado. Uma das vantagens em ser freelancer é a possibilidade de ser irresponsável. Ou melhor, de não ser responsável. Mas não leve isso ao pé da letra. Calma! Eu explico.

Quando você é contratado por outro fotógrafo para fazer parte da equipe, você tem sim suas responsabilidades. Afinal, você é um profissional. Durante o evento terá que cumprir com as tarefas designadas e buscar fazer da melhor maneira possível.

A "irresponsabilidade" está na parte legal (leis), na parte "chata", burocrática do negócio (atendimento, venda, pós-produção e pós-venda), além dos perrengues que podem acontecer durante o evento. O freelancer fica "free"(livre) de lidar com tudo isso. Seu único trabalho (em teoria) é fotografar, entregar o cartão e ir para casa.

Aprender na prática - Uma das minhas vantagens favoritas. É claro que um casamento, um evento, não é uma sala de aula e o freelancer também não é um aluno, mas se for uma pessoa observadora e curiosa, vai aprender muita coisa enquanto fotografa. E não estou falando da parte técnica, pois essa é a que menos aprende enquanto trabalha.

Os maiores aprendizados estão relacionados, principalmente, ao comportamento e ao relacionamento. Ao fotografar com diferentes profissionais (o que é uma outra vantagem), você pode observar a relação com os clientes, com os fornecedores, os movimentos, a escolha dos ângulos, como ele dirige o casal ou os clientes, como ele compõe a imagem, como e quais equipamentos ele usa em determinadas situações. Postura, linguajar, vestimentas, também são itens que você pode incluir na lista de aprendizado.

Outro fator importante (por isso que eu recomendo todo mundo ser freelancer em alguns trabalhos), é entender e descobrir qual é o cliente ideal ou o que você gostaria de atender.

Muitas pessoas, entendem o cliente ideal como o que valoriza o nosso trabalho, é o que investe em fotografia, que compra os pacotes mais caros, mas nem sempre isso é verdade. Fotografar com outros profissionais, principalmente se eles atenderem públicos diferentes, vai te mostrar a realidade de cada tipo de cliente. E talvez, essas experiências como freelancer podem mostrar qual é a verdadeira persona que você gostaria de atender.

Posso me usar como exemplo. Fotografo muitos casamentos como freelancer em que o investimento é alto, arrisco dizer que são de alguns milhões, mas que para o meu negócio não é o cliente ideal. Os meus clientes são de uma classe social muito parecida com a minha.

Maior lucro - Muito provavelmente você deve estar me chamando de maluco. Como assim, ser freelancer pode ser mais lucrativo do que o próprio dono do negócio? Se não for tão de humanas, vai entender o que vou dizer.

Nos dois primeiros itens, citei que o fotógrafo freelancer normalmente tem mais tempo livre, afinal, não tem a parte burocrática do trabalho para fazer. Consequentemente, pode passar mais tempo fotografando (para si ou para outros profissionais) o que renderia mais dinheiro no bolso. Outro fator que pode contribuir com uma margem de lucro maior, é justamente o fato de não ter que investir em infraestrutura para manter a sua "eupresa" ou estúdio. O seu único gasto é com transporte e equipamentos, que já deverão estão calculados no valor a receber pelo trabalho. Ou seja, no final das contas, proporcionalmente o freelancer poderá ter uma margem de lucro maior do que a do fotógrafo contratante.

Criar um portfólio - Essa é a vantagem mais difícil e polêmica de realizar. E vamos falar sobre esse tema um pouco mais para frente. Mas resumidamente falando, com os trabalhos realizados, o freelancer consegue gerar conteúdo suficiente para montar o seu portfólio e mostrar o que é capaz de fazer através do seu talento.

Sei que montar um portfólio como freelancer não é uma tarefa fácil, mesmo porque existe muita desinformação sobre os direitos e deveres sobre a imagem, mas também existe ainda um tabu muito grande sobre o fotógrafo contratante não autorizar que o 2º fotógrafo publique imagens produzidas por ele. Mas no tópico DIREITOS E DEVERES, vamos abordar melhor esse tema.

Vantagens bônus - Essas são aquelas vantagens que não precisam de muitas explicações, mas que também contribuem na decisão de se tornar um fotógrafo freelancer. A primeira delas é a de criar um bom networking com fornecedores que futuramente podem trabalhar junto com você em alguma outra oportunidade.

Outra boa vantagem é a de que essas experiências podem te ajudar a escolher um estilo e uma linguagem fotográfica, que normalmente é um processo longo, mas que durante os eventos o fotógrafo pode ir identificando o que mais se adequa ao seu gosto, ao seu jeito de ser e de ver o mundo.

Uma vantagem que eu gosto muito, é a de ter a oportunidade de fotografar pessoas e/ou lugares que talvez eu não fotografaria se me dedicasse apenas à minha empresa. Dois exemplos que me vêm à cabeça, o casamento do Thiago Abravanel (neto do Silvio Santos) e um casamento em Trancoso na Bahia, que é o sonho de muitos fotógrafos que gostam de fotografar na praia.

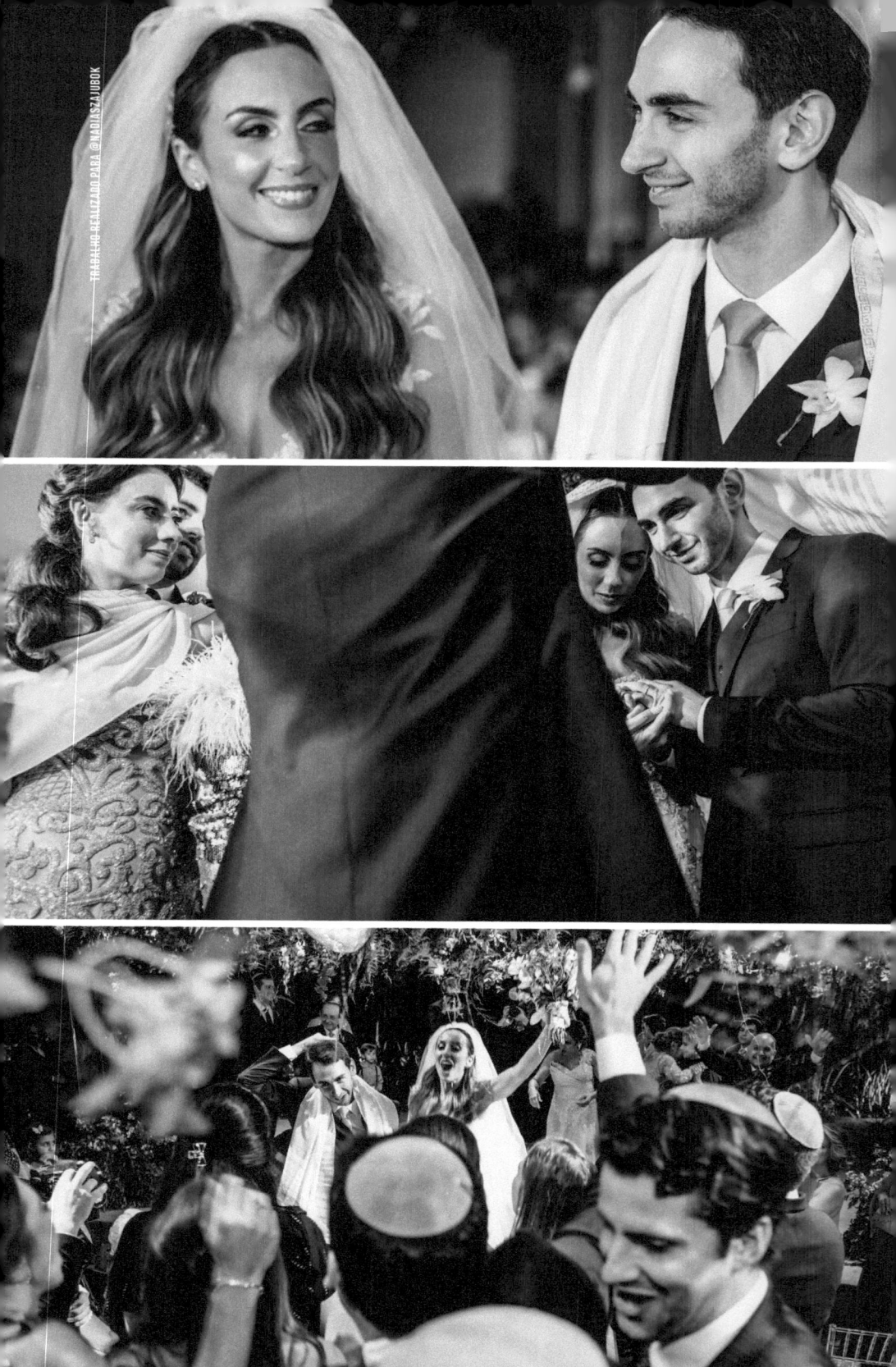

E AS DESVANTAGENS? TEM?

É claro que tem! Todo bônus tem o seu ônus.

A vida do fotógrafo freelancer não é as mil maravilhas. As vantagens são muitas e na grande maioria ótimas, mas nem tudo são flores. A começar pelo dia do trabalho.

Apesar do fotógrafo ficar só com a parte "cool" da fotografia, que é fotografar, o trabalho de fotografar, principalmente casamentos, em alguns momentos não é tão divertido assim. E olha que eu não costumo reclamar durante o trabalho, eu tento me divertir o máximo possível, mas tem algumas tarefas que não são muito do meu "estilo".

Como eu disse no começo do e-book, a principal função de um segundo fotógrafo, é a de dar apoio ao fotógrafo oficial do evento. É ele quem dá o suporte para que o profissional contratado possa realizar seu trabalho da melhor maneira. Resumindo, o freelancer faz o arroz com feijão e o fotógrafo principal é o artista. E normalmente é o "peão" que tem que executar as tarefas mais chatas ou menos artísticas, como por exemplo, fotografar de mesa em mesa. Se tem algo que eu não gosto de fazer (mas faço) é atrapalhar o jantar das pessoas. Mas, são ossos do ofício.

Início mais lento - Apesar da vantagem em poder criar portfólio, aprender a se relacionar com fornecedores, fazer networking com profissionais do mercado em que atua, a ascensão na profissão pode ser um pouco mais lenta do que o planejado. O que não é tão ruim assim, se a sua ansiedade não for tão grande.

Mas isso ocorre apenas porque o freelancer estará dedicando ou disponibilizando parte do seu tempo produzindo para outro profissional e não para si. Porém, se no tempo em que não estiver trabalhando para outras pessoas, o freelancer produzir para seu próprio negócio, seu desenvolvimento poderá ser mais rápido.

Não ser dono do próprio negócio - Esse talvez seja um dos principais motivos pelos quais poucos fotógrafos iniciantes pensam em ser freelancer. Quase 100% das pessoas que começam na fotografia sonham em ter seu próprio negócio. Está tudo bem. Afinal, é uma característica da fotografia ser uma profissão empreendedora.

Ser freelancer também é um ato de empreendedorismo, afinal você é a própria empresa e o próprio produto/serviço, mas não tem o impacto de ter um estúdio, por exemplo.

Não ser reconhecido - Se tem algo que mexe com o fotógrafo, é a sua vaidade. Não ter seu nome estampado, marcado em uma postagem, mexe muito com o psicológico. E o freelancer precisa saber lidar com o ego para que tenha sucesso.

Infelizmente, na maioria das vezes, o freelancer é invisível aos olhos do mercado. O reconhecimento pelo trabalho bem feito, normalmente, é dado ao fotógrafo contratante. E isso, em algum momento, pode gerar desconforto e até uma certa desmotivação, se não for algo planejado.

Poucas oportunidades - No tópico anterior (o das vantagens), falei sobre a possibilidade de fotografar alguns trabalhos que talvez o freelancer como empresa não conseguiria. Mas ao mesmo tempo, por não se dedicar 100% ao seu negócio, as oportunidades de mostrar o seu trabalho, seu estilo, sua linguagem, podem demorar a aparecer, e quando aparecem podem ser que não sejam suficientes, tanto na quantidade, quanto na qualidade.

Não ter portfólio - Vamos abordar esse assunto mais a fundo em outro tópico (Direitos e Deveres), mas na maioria das vezes, o fotógrafo freelancer não é autorizado a publicar o que produziu para divulgar o próprio trabalho. É muito comum (infelizmente) nem terem acesso ao material que produziram.

Por isso, sempre que possível, faço uma observação muito importante quando perguntam sobre esse tema: "Conversem abertamente com o fotógrafo que está te contratando, perguntem se podem ou não publicar o trabalho, pergunte o motivo da proibição (se houver), argumente, tente chegar em um acordo, e no final, veja se realmente vale a pena trabalhar para ele."

Desvalorização - Ser freelancer pode ser lucrativo, porém não é de uma hora para outra que você vai conseguir cobrar um valor justo pelo trabalho. É preciso ter competência e um pouquinho de sorte para alcançar um nível onde você possa, se quiser, viver de freelancer.

E a desvalorização não está só relacionada à parte financeira. Quando um freelancer não tem acesso ao material que produziu, não recebe um feedback sobre seu trabalho e não pode usá-lo para se promover, automaticamente ele está sendo desvalorizado.

Não à toa, que muitos fotógrafos reclamam da falta de comprometimento dos freelancers, mas será que é apenas falta de carácter desses profissionais ou existem motivos para que não se dediquem tanto assim? (Não estou defendendo falta de profissionalismo, estou apenas tentando mostrar o outro lado da moeda, ok?)

Meu objetivo com este e-book é justamente mudar essa realidade.

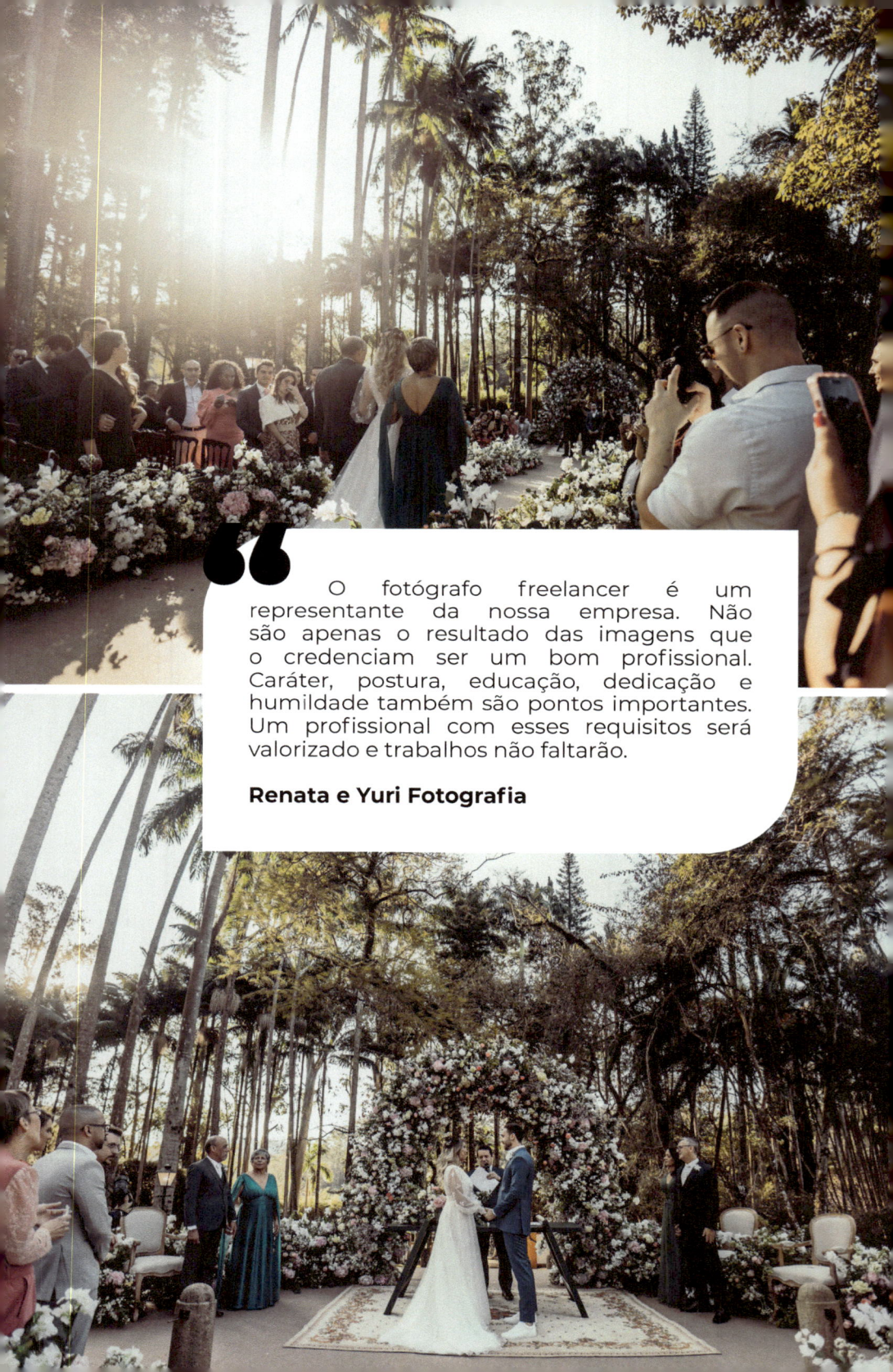

> O fotógrafo freelancer é um representante da nossa empresa. Não são apenas o resultado das imagens que o credenciam ser um bom profissional. Caráter, postura, educação, dedicação e humildade também são pontos importantes. Um profissional com esses requisitos será valorizado e trabalhos não faltarão.

Renata e Yuri Fotografia

COMO SE TORNAR UM FOTÓGRAFO FREELANCER

Se você, depois de analisar os prós e contras de ser freelancer, decidiu (mesmo que momentaneamente) não seguir a carreira, sugiro que pule esse capítulo e leia o que abordo o tema PRECIFICAÇÃO (página 43), pois muito provavelmente irá te ajudar quando precisar contratar um profissional para auxiliá-lo(a).

Agora, se você não pulou para a página de precificação e está lendo esse parágrafo significa que: ou você é curioso e quer saber o que eu vou falar, ou se identificou com os benefícios em ser freelancer e quer, de alguma forma, saber mais sobre a profissão ou até mesmo aproveitar algumas vantagens para mudar/desenvolver sua fotografia.

O primeiro passo para iniciar a carreira de freelancer ou conseguir alguns trabalhos, é entender que terá que abrir mão de algumas coisas, principalmente o EGO. O segundo passo, é ser RESILIENTE. Durante esse processo, vai ouvir muitos "nãos", e você não poderá desistir. O terceiro passo é o de saber OUVIR CRÍTICAS, pois vai ser importante para o seu desenvolvimento (e mesmo porque, freelancer quase nunca recebe elogios, rs).

Com os 3 primeiros passos no começo da nossa lista, vamos falar em como se tornar um fotógrafo freelancer.

A primeira coisa que precisamos deixar claro é que o equipamento é importante nesse processo, afinal ele é a sua ferramenta de trabalho e em algum momento poderá fazer a diferença entre ser o profissional contratado ou não, mas ele não é o principal. Você vai precisar desenvolver outras habilidades para que sua câmera não seja a única maneira de abrir portas e trazer oportunidades para que possa trabalhar com outros fotógrafos.

Outra observação importante para podermos começar com o pé direito é o ter portfólio. "Mas Rafa, como é que eu vou ter portfólio se estou começando na carreira de freelancer justamente para ter portfólio?". Uma coisa é uma coisa, outra coisa é outra coisa. Vamos lá, eu explico.

Independente do seu nível de fotografia ou da área em que atue, é preciso mostrar para quem vai te contratar que você sabe fazer o que se dispõe a fazer. Mesmo que você não tenha portfólio de casamento (por exemplo), você precisa ter imagens que mostre o quanto você domina a técnica de composição, fotometria e/ou até mesmo a sua linguagem e estilo. Muitos fotógrafos de casamento começaram na carreira porque tiravam boas fotos de qualquer coisa e os amigos ou conhecidos os chamaram para fotografar a cerimônia porque gostavam do que eles produziam. O mesmo vai acontecer com você.

Feita essa introdução, vamos falar de como começar na carreira de freelancer. E os "caminhos" não são muitos ... na verdade, só existe uma maneira de se tornar um freelancer, NETWORKING.

Ser freelancer está totalmente ligado ao RELACIONAMENTO, afinal você sempre será assistente/auxiliar de alguém, e isso envolve confiança. E para haver confiança, é preciso haver relacionamento.

Quando falo sobre o assunto nas redes, a maioria das mensagens que recebo são de fotógrafos que já se colocaram à disposição de outros profissionais, mas nunca tiveram a oportunidade ou recebem respostas negativas. Normalmente ficam chateados com a situação, e eu entendo perfeitamente, mas como tudo na vida, existem os dois lados da moeda.

É muito difícil para o fotógrafo contratante convidar alguém para um trabalho sem conhecer a pessoa. A fotografia pode ser ótima, mas existem outros fatores que são levados em consideração além da técnica. Comportamento, caráter e bom humor são um deles. O freelancer precisa saber como se portar em um evento, precisa ser ético ao trabalhar para outro profissional, e claro, não pode ficar com cara de emburrado durante o trabalho, afinal as pessoas reparam.

Para que você tenha oportunidade de mostrar que é um freelancer "completo", não basta enviar um direct nas redes sociais se colocando à disposição, é preciso mostrar quem você é. E você deve estar se perguntando: "Tá! E como eu faço isso?".

Simples, se relacione com as pessoas. No nosso caso, com outros fotógrafos. Podemos até usar as redes sociais para iniciar e manter o contato, e eventualmente pode aparecer alguma oportunidade, mas nada substitui o "olho no olho", o presencial. Participe de congressos e workshops, reúna e converse com outros profissionais da sua cidade ou região. Quanto mais "amigos" se tornarem, maiores serão as possibilidades de aparecerem trabalhos para fotografarem juntos.

Para provar que essa minha "teoria" está certa, eu fiz uma pesquisa entre fotógrafos para usar na minha palestra durante o Wedding Brasil. Perguntei para alguns fotógrafos quais eram os requisitos mais importantes na hora de contratar um 2° fotógrafo para um evento. E para a minha "não surpresa", as respostas foram:

1) Honestidade;
2) Comprometimento;
3) Pró-atividade;
4) Fotografia (estilo/linguagem);
5) Bom humor;
6) Equipamento;

A pesquisa foi feita de forma simbólica, apenas para ilustrar o conteúdo que eu iria compartilhar durante a minha palestra e também para argumentar quando os colegas de profissão questionassem se o nível do equipamento influenciava na decisão de contratação. Mesmo assim, para não parecer tendenciosa só para comprovar a minha teoria, quero abrir um espaço especial nesse e-book.

Para quem não sabe, alguns anos atrás, fui convidado pelo fotógrafo Fabio Laub para escrever um capítulo do seu livro "Sub Exposto - A real sobre o business da fotografia de casamento", onde eu abordava o tema FREELANCER. E agora, como forma de retribuir minha colaboração, ele irá escrever sob o ponto de vista do fotógrafo contratante.

Eu volto logo depois desse capítulo. Espero que gostem!

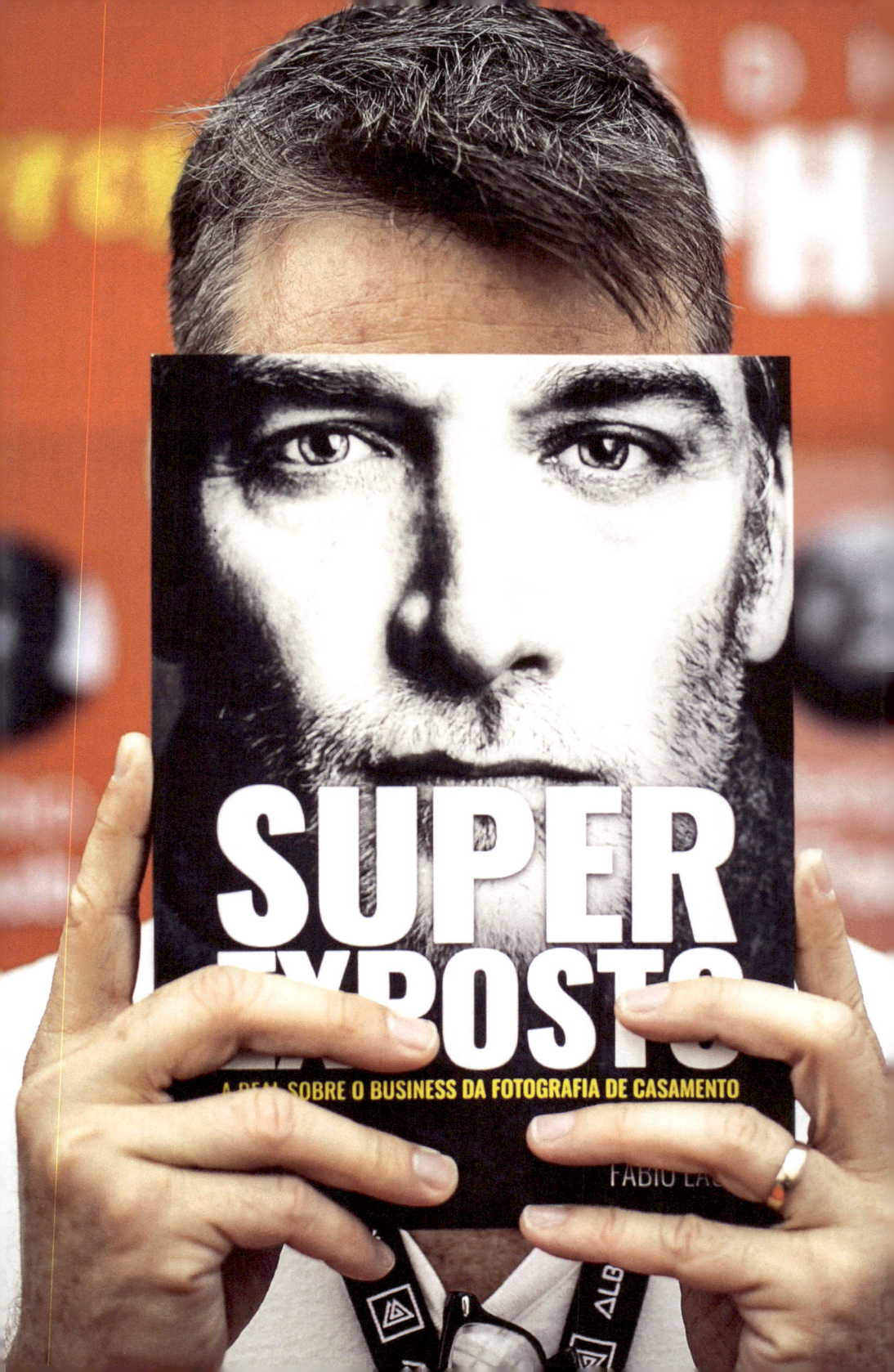

POV: QUANDO EU SOU O CONTRATANTE

Quando recebi uma mensagem do Rafael sobre o e-book fiquei gratamente surpreso e feliz, não apenas pelo fato desse grande amigo e parceiro de tantos momentos importantes desse mercado estar escrevendo um livro (afinal ele já plantou uma árvore e teve duas filhas lindas), mas pelo tema tão necessário, interessante e certamente subvalorizado.

Em 26 anos de carreira já contratei muitos profissionais freelancers (e é exatamente para falar sobre isso que recebi o convite para escrever esse capítulo) e já fui contratado por algumas empresas como freelancer (sim, exatamente nessa ordem). Posso dizer, com certeza, há muito menos informação sobre esse lado do negócio da fotografia ou de qualquer outra carreira criativa do que deveria. Por quê? Com a experiência que tenho hoje, posso afirmar que é por conta do tal monstrinho, o EGO.

Poucos profissionais querem admitir que trabalham como freelancer, e menos ainda querem bradar isso aos 4 ventos (como o Rafael o faz tão tranquilamente), como se isso os fosse diminuir, apequenar ou minimizar seu talento. Acham que é como dizer assim: "Não sou bom o suficiente para ter meu próprio nome 'estampado na capa' então trabalho para os outros. "

Deve ser porque estou ficando velho ou porque amadureci, hoje percebo o quanto esse papo é furado.

Vou repetir uma das minhas frases mais conhecidas e que cabe nesse tema como uma luva: "Não estamos sendo chamados para pintar o teto da Capela Sistina, meu caro. Somos fotógrafos de eventos sociais!". Estamos sendo contratados para prestar um serviço e é exatamente sob este prisma que vou escrever esse capítulo.

Em meu livro – Super Exposto, A real sobre o business da fotografia de casamento - o qual tive a honra de ter um capítulo brilhantemente escrito pelo autor deste e-book, bato nessa tecla à exaustão. Vou repetir: "Estamos sendo contratados para prestar um serviço. E desse serviço e dessa entrega, seu trabalho faz parte".

Se colocarmos o Ego de lado, tudo que fazemos em um contrato de fotografia tem um objetivo central, que é prover ao cliente (no caso os noivos), uma memória bacana e o mais real possível sobre aquele dia, que é um dos dias mais importantes de suas vidas. Mas que, em primeiro lugar, está regida por uma relação comercial e por um contrato.

Experimenta fazer "só o que eu quiser, afinal ele contratou minha arte" e deixar de lado o que tem que ser feito. Socorro! Você vai sentir o que é ver seu trabalho destruído. Mas pera lá, o nome que está no contrato não é o seu, certo? Ah! Então Fod*-Se! Pois é assim mesmo que muitos freelancers agem e se comportam. E é aí que mora o problema.

Como já estive dos dois lados da mesma moeda, posso te dar uma dica? Pense no que fazemos como um negócio. Olhe para ele com o olhar do contratante e pense um pouco (muito) nas responsabilidades que ele assumiu e em tudo que ele está colocando em risco ao executar aquele trabalho.

Quando alguém assina um contato de fotografia como titular – aquele que dá nome e assina o trabalho – posso te dizer que está colocando em jogo algo muito difícil de se "limpar", que é o nome com que fomos batizados. Já vi nesses anos muitos nomes serem jogados na lama com uma rapidez impressionante e posso te dizer que não dá para contar nem nos dedos de uma mão apenas quantos conseguiram sair dessa situação e voltar a trabalhar.

Bora então "ser profissional".

O que eu esperava quando contratava um profissional freelancer? Profissionalismo, energia, discrição e principalmente ÉTICA - Eita palavrinha mal compreendida e tão esquecida essa! - Quando um fotógrafo te contrata, ele está contando com você. Deveria ser óbvio, mas pelo que vi ao longo desses anos todo, infelizmente não é.

Ele assinou um contrato para executar um trabalho, que por algum motivo os clientes acharam que era o que queriam e precisavam. Foram até este(a) profissional e não apenas viram seu portfólio e sua "arte" (vou sempre colocar entre aspas, afinal, como diria Facundo Santana: "You are not a fucking Rock Star. You are a WEDDING PHOTOGRAPHER!") e gostaram do que viram, mas também perguntaram e estudaram as condições e cláusulas do contrato, e é este documento que você foi chamado para ajudar a cumprir.

     Que tal perguntar ao titular que condições são essas e dar o seu melhor para ajudá-lo a cumprir? Como o Rafael sabiamente vem dizendo ao longo desse livro, COMUNICAÇÃO é a chave dessa relação e se seu contratante não tiver a iniciativa de fazer isso, meu amigo, corra. Porque há uma grande chance de nem ele saber o que está fazendo.

     Que roupa devo usar? Não, não estou nem aí para seu estilo e conforto. Perdão. Ou você acha que um comissário de bordo está suuuuper confortável com aquele uniforme? Ou um médico com aquele jaleco impecavelmente branco? Por quantas horas você foi contratado? Qual posicionamento você quer que eu assuma? É hora de "fazer mesa"? Podemos comer (isso aqui daria um capítulo a parte, não?)? Posso beber esse vinho maravilhoso? (Promete para mim que nem pensou nisso, por favor!)

     Devo usar meus cartões ou quer que eu use os seus? Vamos entender que esse é um ponto superimportante e que não estou aqui falando de leis. Existem alguns direitos básicos nesse tipo de contrato: o direito autoral (que é de quem fotografou), o direito de imagem (que é da pessoa que foi fotografada) e o direito de uso da imagem, (que é de quem assinou o contrato). Não estou aqui priorizando nenhum deles. Acho eu TODOS são igualmente importantes e devem ser respeitados, e por isso mesmo, você (na minha modesta opinião) não pode usar comercialmente – Leia-se vender ou vender-se com – aquela imagem. Isso também se aplica ao uso delas em redes sociais. "Ai Fabio, agora você está mexendo onde não deve". Dane-se, alguém tem que falar e com já perdi o medo, pode me odiar.

     Quando você posta algo em um casamento, passa ao mundo a impressão de que aquele é um trabalho (Não vou usar "Job" senão a Cintia Chagas me mata) seu, assinado por você, onde os noivos TE contrataram e, portanto, foram ao seu estúdio, olharam o seu portfólio e etc. Errado, né?!

Você por acaso sabe se o contrato do seu titular tinha alguma cláusula permitindo postar? Você sabe se aquele casal gosta de ter sua imagem exposta? Você sabe se há uma preocupação com segurança ou algo do tipo? Faça-se estas perguntas. Converse sobre isso com seu contratante, e mesmo que ele diga o contrário, tome sempre muito cuidado e seja ético.

Sei que, no calor da emoção, dá a maior vontade de postar aquela imagem lindona, a "arte" que você acabou de criar. Mas de que forma o contratante gostaria que você fizesse isso? Ele autorizou? Vamos combinar ANTES, pode ser?

Eu acho que escrever algo do tipo: Foto executada como parte da equipe de @titulardetal no casamento maravilhoso de @ciclanadetal e @fulanodetal já é um excelente começo. Ou você acha super ético que todos seus seguidores acordem no domingo com a impressão de que você foi o contratado para aquele casamento e que os noivos acharam que você era "o artista" que eles sempre sonharam?

Quando migrei para os EUA, não tinha nome conhecido aqui e ninguém topava pagar o preço que eu deveria cobrar de acordo com minha experiência. Porém, eu tinha uma filha pequena e precisava trabalhar. O que fiz? Fui ser freelancer. E posso dizer? QUE SENSACIONAL! Porque além de trabalhar com colegas que sempre admirei e com os quais aprendi muito, pude experimentar uma liberdade de criação que nunca foi possível devido à grande responsabilidade que tinha em minhas costas.

Fiquei muito mais feliz em postar algo dizendo que estava com um grande amigo e um profissional que eu admirava, do que em usar aquilo para me promover. Tive alguns dos melhores trabalhos de toda a minha vida, e isso foi muito melhor que qualquer post. E quer saber a melhor parte? Um desses trabalhos (ai que vontade de falar "job", rs) acabou virando um convite para uma sociedade em fotografia imobiliária, que hoje é o meu principal negócio de fotografia e no qual estou feliz demais.

Por que isso aconteceu? Tenho certeza de que posso creditar isso à tal da ÉTICA. Meu sócio viu em mim um profissional dedicado, que colocava o negócio acima do ego e que principalmente era merecedor de confiança. Uma confiança digna de uma sociedade.

Portanto, meu caro, se você está pensando em ser freelancer apenas para ter a oportunidade de ser aquele "chupa-cabra" de respeito e sair dali com um portfólio lindão e prontinho para passar por cima de seu contratante, pense novamente. Porque com a mesma velocidade que seu primeiro like vai vir, sua ética e reputação vão embora.

E mais uma vez quero deixar aqui a melhor dica de todas: COMUNIQUE-SE com seu contratante. Quanto mais franco e desprovido de ego for esse papo (de ambas as partes), melhor. Você vai se surpreender com quanta coisa boa vai acontecer. Boa sorte e se você quiser me procurar para ser meu freelancer, ou quiser que eu seja em um trabalho seu, será um prazer enorme!

Um grande abraço e até o próximo "jobi" - Fabio Laub

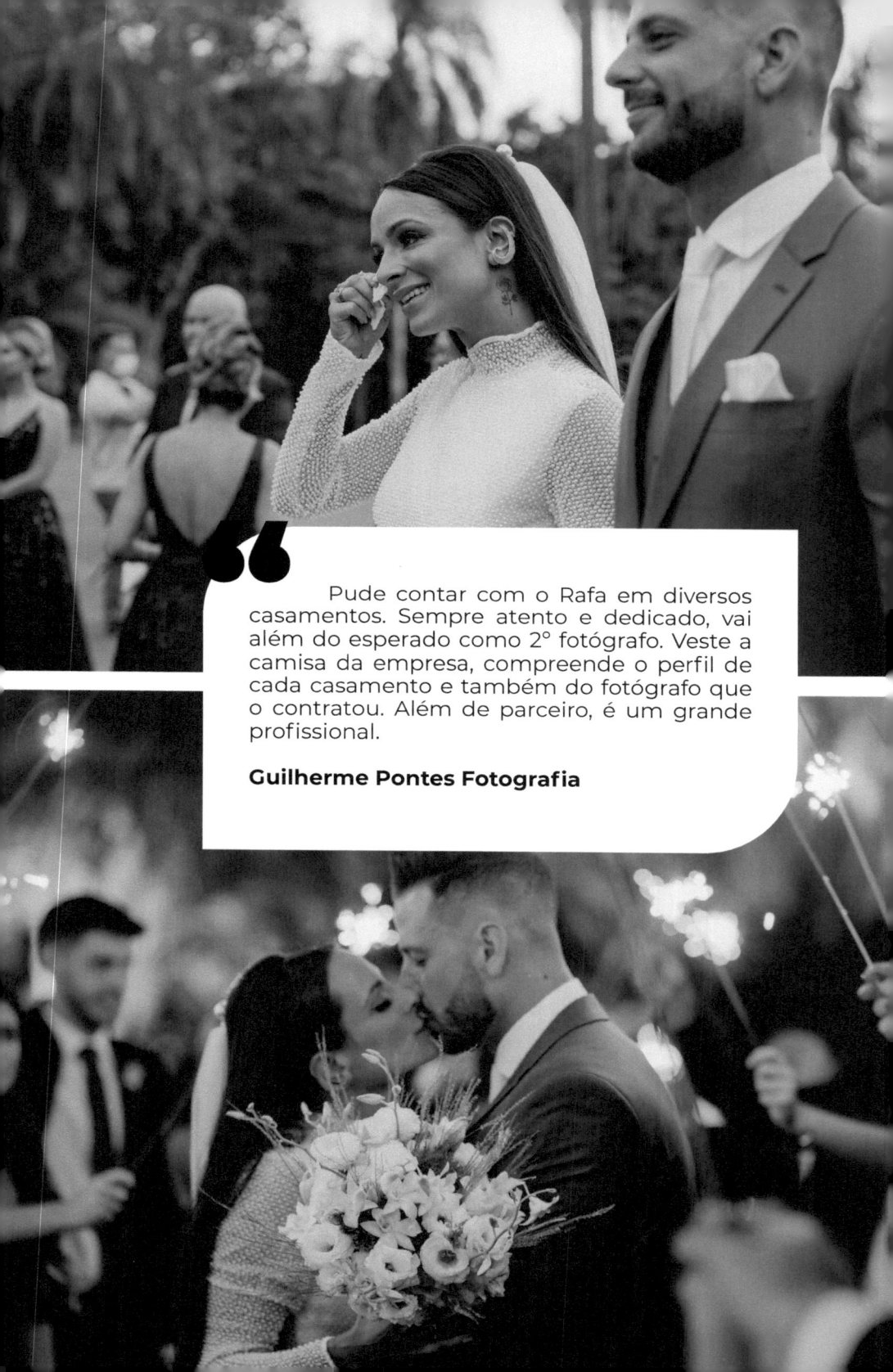

> Pude contar com o Rafa em diversos casamentos. Sempre atento e dedicado, vai além do esperado como 2º fotógrafo. Veste a camisa da empresa, compreende o perfil de cada casamento e também do fotógrafo que o contratou. Além de parceiro, é um grande profissional.

Guilherme Pontes Fotografia

COMO SER O MELHOR FREELANCER DO MUNDO?

Quando gravei um curso pela PhotosTv (Eduk), deram o seguinte título: "Como ser o melhor segundo fotógrafo". Confesso que no começo fiquei um pouco incomodado. Talvez pela timidez ou por uma característica minha de nunca denominar algo que eu faço como "o primeiro", "o melhor", "o qualquer adjetivo que mostre superioridade". Mas como eles eram os especialistas em vender cursos, concordei.

Depois de um tempo, principalmente após as palestras e o feedback que recebi, entendi que a frase (ou o termo) não era um autoelogio, como se eu fosse o melhor freelancer e estaria ali para dividir meu conhecimento. Mesmo porque, no mercado do audiovisual existem pessoas muito mais capacitadas do que eu, seja tecnicamente ou em qualquer outro requisito. O que talvez me destaque em algum momento, se assim posso dizer, talvez seja a "quantidade" e o "equilíbrio" de cada um dos itens que vamos detalhar abaixo.

Quanto mais itens você incluir no seu pacote, maiores serão as probabilidades de fidelizar seu cliente, encontrar oportunidades no mercado e de valorizar o próprio trabalho. Profissionais que atendem os requisitos que vamos elencar são raros e super requisitados.

Os itens não estão classificados em ordem de importância. Talvez para você ou para o fotógrafo contratante, os requisitos mais importantes sejam outros, mas aqui no e-book, vou colocá-los de uma forma que talvez fique mais didático e conectados.

Ética - Como já disse, existem requisitos muito mais importantes do que o equipamento, e ética é um dos primeiros. É difícil explicar algo que deve ser ensinado pelos pais e que é muito pessoal. Por isso, nesse e-book, vou tentar usar experiências pessoais para tentar exemplificar, quando possível, cada um dos itens.

Quando falo de ética, falo sobre fazer o que é certo, independente se tem alguém vendo ou não. Exemplo: Um convidado pergunta ao freelancer se ele tem um cartão de visita, pois gostou da sua postura ou do que viu durante o evento, mesmo que o fotógrafo oficial não esteja presente, é correto e ético dizer que está no evento trabalhando para fulano e que se o convidado quiser poderá passar o contato dele.

Um outro exemplo, e que era comum de acontecer comigo enquanto eu trabalhava com o Guilherme Riguetti, era da noiva que estava fazendo um orçamento com ele, descobrir que eu fazia parte da equipe e também me pedir cotação, com o pensamento de que eu entregaria a mesma coisa por um valor mais em conta já que era menos conhecido. A minha atitude, ao receber qualquer email de pedido de orçamento, era o de consultar o Guilherme, verificar se a noiva X ou Y havia solicitado orçamento, e se a resposta fosse positiva, se eu poderia ou não encaminhar a minha proposta de valores.

Lembram que contei sobre a minha sorte em ter tido ótimos chefes? Talvez seja porque sempre busquei ser um ótimo funcionário, não só dedicado, mas também ético e honesto.

E esse item está 100% relacionado ao próximo.

Comunicação - A comunicação tem um papel importante nessa relação entre o freelancer e o 1º fotógrafo. Não podem existir dúvidas ou dupla interpretação sobre qualquer assunto que envolva os profissionais.

Das funções a serem realizadas em um evento aos "direitos e deveres" de cada um dos envolvidos, o combinado não sai caro. E talvez seja essa uma das minhas principais características como freelancer. Eu prefiro pecar por "falar de mais" do que por omissão. Até quando eu sei que posso publicar o trabalho nas redes sociais, confirmo novamente para não ter nenhum ruído entre nós, e é apenas um exemplo.

A história dos pedidos de orçamento enquanto eu trabalhava no estúdio é outro exemplo de comunicação. Ser transparente e ético aumenta a credibilidade e a confiança do fotógrafo que contrata o freelancer. Eu já fui abordado em festas infantis que fiz para alguns amigos, e quando me perguntavam se eu poderia dar o meu contato, eu sempre perguntava antes para o fotógrafo que me contratou, e isso só aumentou a confiança no meu trabalho.

Mas a comunicação não está relacionada só com ser transparente com que contrata o freelancer. Ela também com quem trabalha com você. No caso dos eventos, estamos falando dos fornecedores. Ser comunicativo, simpático, atencioso e pró-ativo, são características bem apreciadas por esses profissionais que, muito provavelmente, te elogiarão para o fotógrafo que te contratou e também indicarão você para outros trabalhos. Valorizando ainda mais o seu trabalho.

Aliás, esse tópico já apresenta mais dois itens da nossa lista.

Pró-atividade - No começo deste e-book, falei sobre a função de um fotógrafo freelancer. Ele não está no evento para competir com outro fotógrafo. Seu papel é auxiliar e deixar com que o contratante fique tranquilo para fazer o que sabe de melhor ou ser criativo.

Nesse caso, ser pró-ativo é se colocar à disposição para fazer além do que foi designado, mesmo que em alguns momentos tenha que abrir mão de ser criativo ou até mesmo fotografar, exemplo:

Alguns anos atrás, fui convidado pelo querido Lauro Maeda para fotografar um casamento em São Paulo. Como ele veio de Florianópolis (SC), não trouxe nenhum assistente de luz. Éramos 4 fotógrafos. Em um certo momento da festa, estávamos todos fotografando os convidados na balada, percebi que ele estava com o flash em mãos tentando fazer uma luz "diferente" durante a dança. A minha atitude nesse momento foi a de largar as câmeras na sala do staff e ajudá-lo segurando a luz para que ele ficasse livre para se movimentar e encontrar os melhores ângulos, afinal, a noiva contratou o olhar do Lauro Maeda e não do Rafael Petrocco.

O resultado? Fotografias incríveis do casamento, incluindo da festa, casal feliz, Lauro Maeda satisfeito e Rafael Petrocco com moral para trabalhar com ele mais uma vez. E foi o que aconteceu, depois desse evento, fizemos mais um onde a grande maioria das imagens que foram para o álbum, eram fotografias feitas por mim (sei disso porque vi o álbum diagramado).

E a pró-atividade não se resume apenas a quem te contratou, quanto mais você ajudar quem está à sua volta, mais você será ajudado.

Comprometimento - Outro item da nossa lista muito importante. Um fotógrafo valorizado é comprometido (fica a dica para quem contrata freelancers). E quando falo valorizado, vale lembrar, que nem sempre é pelo lado financeiro.

Comprometimento é igual a dedicação. O freelancer comprometido toma transforma o evento alheio em seu (simbolicamente falando). Ele faz o que lhe foi designado como ele gostariam que fizessem em um trabalho dele. É trabalhar para que o resultado seja incrível, independente do que aconteça. Mas comprometimento não é só no dia do evento enquanto fotografa.

Muitos fotógrafos reclamam que os freelancers, muitas vezes, aceitam um trabalho, mas que quando chega perto da data, cancelam porque recebeu um pedido de orçamento ou "pintou" um trabalho que paga mais.

Lembra dos itens anteriores, ética e comunicação? O problema não é cancelar, é como se isso acontece. No meu caso, sempre que agendam um trabalho, está agendado. Quando aparece um outro evento, a primeira coisa que eu faço é perguntar ao fotógrafo que já havia solicitado a data, se ele consegue alguém para o meu lugar, caso eu feche o orçamento. Se a resposta for sim, envio a proposta, se a resposta for não, eu respondo que já tenho um outro compromisso na data e sigo com o trabalho já agendado anteriormente. Isso é ética, responsabilidade e comprometimento.

A responsabilidade poderia ser o nosso próximo item da lista, mas isso já deve fazer parte da nossa formação como pessoa. Praticamente um item obrigatório de fábrica, então não vamos falar sobre ele.

Bom humor - Muitas pessoas confundem o bom humor com fazer piadinhas. Confesso que, algumas vezes, isso acontece comigo. Mas não é sobre ser o engraçadinho da turma ou do evento.

Quando falo que o bom humor é um item da lista de um bom profissional, estou falando de trabalhar com uma feição agradável. Não precisa sorrir o tempo todo, fingir que é simpático, mas não trabalhar de cara amarrada e responder de forma "seca" quando fazem alguma pergunta, ajuda bastante no desempenho da função. Principalmente quando a sua parte do trabalho depende da colaboração de outros profissionais, como por exemplo, quando precisa fotografar a decoração do salão ou algo parecido.

Ninguém gosta de trabalhar com quem está de cara feia ou emburrado. Isso não é teoria, é um fato.

P.S.: *Às vezes, eu saio de casa emburrado, puto, me perguntando porque aceitei aquele trabalho, mas ao pisar na igreja ou no salão de festas, eu mudo a chavinha. Para o meu bem e para um bom resultado do meu trabalho.*

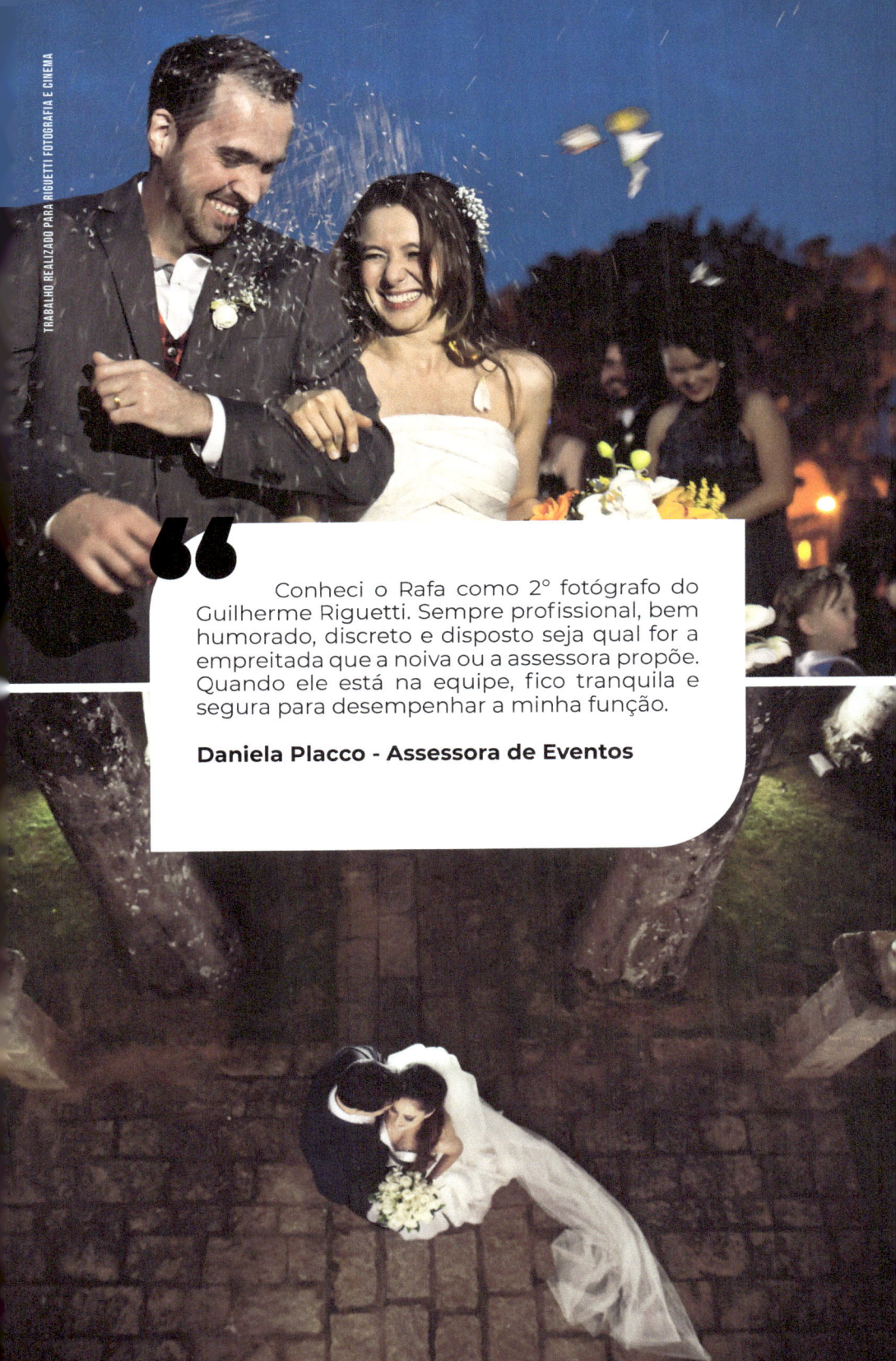

> Conheci o Rafa como 2º fotógrafo do Guilherme Riguetti. Sempre profissional, bem humorado, discreto e disposto seja qual for a empreitada que a noiva ou a assessora propõe. Quando ele está na equipe, fico tranquila e segura para desempenhar a minha função.
>
> **Daniela Placco - Assessora de Eventos**

TALENTO vs COMPROMETIMENTO

Talvez você tenha estranhado que na lista anterior, a palavra TALENTO ou CRIATIVIDADE não tenham aparecido. É porque eu queria abordar esse tópico de uma forma diferente.

Na pesquisa que fiz com colegas de profissão, os termos talento e criatividade realmente não foram citados. E isso é um sinal muito importante para quem quer atuar nesse mercado.

Muitas vezes, fotógrafos que gostariam de trabalhar como freelancer, se preocupam demais com a estética do trabalho. Deixam de oferecer seu trabalho porque acreditam que não são bons o suficiente ou não dariam conta do recado. Mas na maioria das vezes, o que os fotógrafos contratantes mais querem é quem faça o "arroz com feijão" bem feito.

Não precisa ser o mais criativo do mundo, não precisa fazer as fotografias mais mirabolantes do universo. É preciso ser profissional, ético, comprometido e pró-ativo, e se der, bem humorado. Nada mais.

Um profissional assim está cada vez mais raro no mercado.

ESTILO FOTOGRÁFICO, TER OU NÃO TER?

Esse é um dos dilemas de quem quer ser freelancer, principalmente daqueles que já trabalham com a fotografia. Enquanto quem está começando pode aprender e a encontrar um estilo fotografando para outros profissionais, quem já está na área normalmente já tem a sua maneira de enxergar o mundo e tratar suas imagens.

O "vício" do próprio trabalho pode atrapalhar e fechar algumas portas, pois talvez o seu estilo fotográfico não se encaixe ou se adpte ao trabalho de alguns profissionais, diminuindo assim as possibilidade de poder acompanhar outros fotógrafos.

Costumo dizer que o freelancer, além de desapegar do EGO, é preciso ter uma fotografia CAMALEÃO, que possa se adaptar a qualquer estilo de fotografia. Mudando a forma quer seja mais clássica ou mais lifestyle.

O estilo camaleão proporciona ao fotógrafo freelancer a possibilidade de acompanhar os mais diversos tipos de fotógrafo, o que é muito vantajoso, já que poderá ter as mais diversas experiência e ajudá-lo a decidir qual é o melhor caminho a seguir quando for dar continuidade na carreira solo.

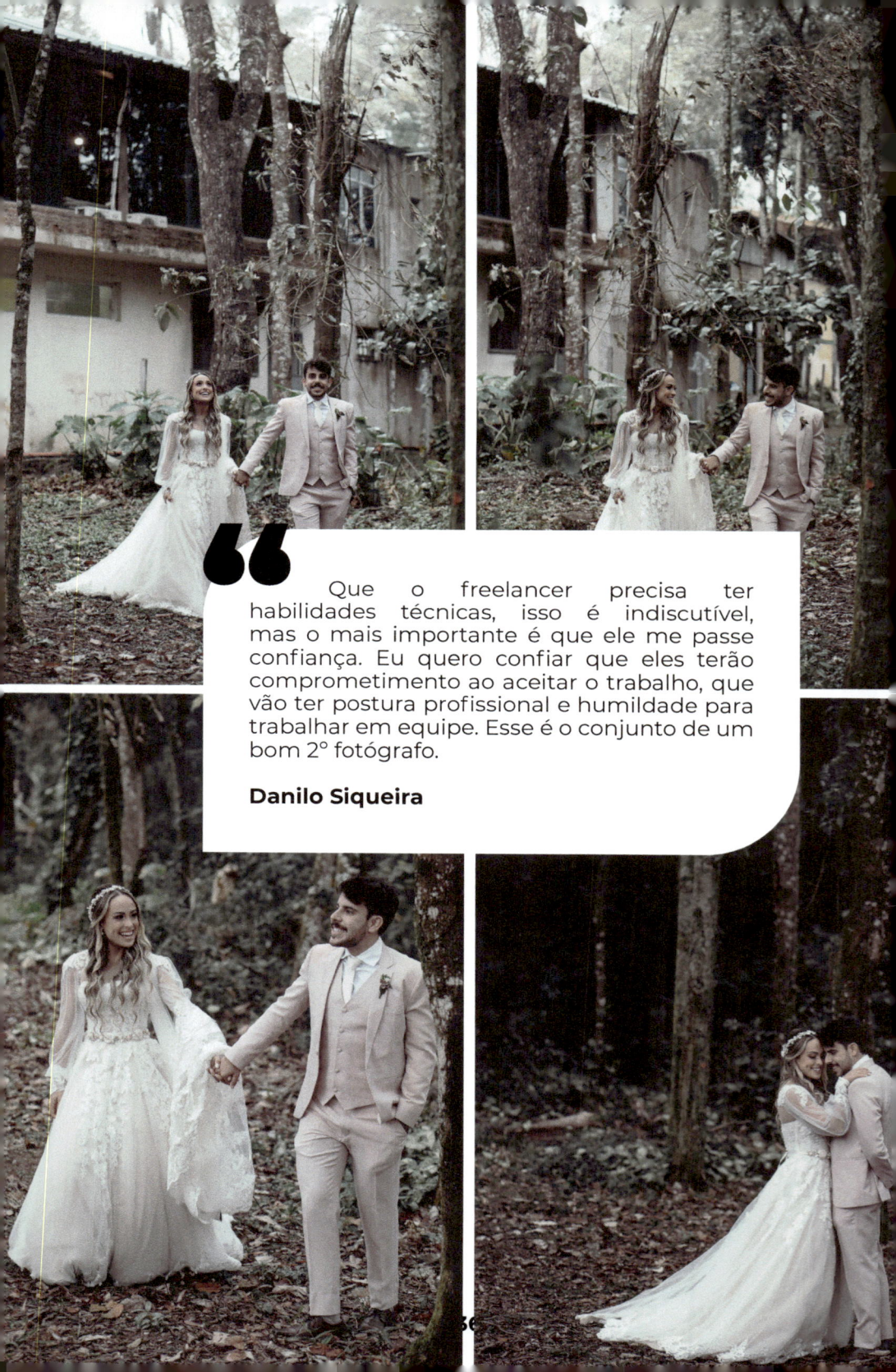

> Que o freelancer precisa ter habilidades técnicas, isso é indiscutível, mas o mais importante é que ele me passe confiança. Eu quero confiar que eles terão comprometimento ao aceitar o trabalho, que vão ter postura profissional e humildade para trabalhar em equipe. Esse é o conjunto de um bom 2º fotógrafo.
>
> **Danilo Siqueira**

DIREITOS E DEVERES DO FREELANCER

Essa é a parte mais "legal" do e-book. E quando falo legal, estou falando da parte burocrática, de leis, porque o conteúdo todo deste livro digital é legal, não concorda?!

É importante ressaltar que, nesse capítulo vou abordar de forma resumida e informal o tema DIREITOS e DEVERES, afinal não sou formado em Direito e não tenho a pretensão de assumir o papel de advogado. O que vou mostrar aqui para vocês é um "resumo" dos tópicos na forma como eu gosto de trabalhar e acredito ser interessante para ambas as partes.

Primeiro, os deveres

Os deveres do freelancer já foram citados em outros tópicos deste e-book. Ser ético, dedicado, comprometido e profissional são alguns deles. Mas legalmente, o dever de um freelancer é cumprir com as suas obrigações referentes ao serviço contratado.

É importante que haja uma comunicação clara e transparente, se possível por escrito (troca de mensagens ou contrato) com todas as informações necessárias para que o trabalho seja realizado com excelência e que não haja problema para nenhuma das partes.

Na maioria das vezes, os freelancers são contratados informalmente, ou seja, sem contrato. Porém, para a segurança das partes (contratante e contratado), é importante redigir um contrato com todas as informações do evento (data, horário e local), com o tempo de serviço que deverá ser prestado pelo freelancer, o valor a ser pago pelo contratante, e se possível, quais as funções deverão ser desempenhadas ou o que será necessário produzir. Apesar de ser um processo "chato", é até uma segurança para o freelancer contra fotógrafos contratantes caloteiros.

Segundo, os direitos

Direitos autorais é um assunto bem complexo. Para abordá-los de forma aprofundada, teria que produzir um outro e-book em parceria com algum advogado que seja especialista no tema. Mas não é o nosso caso.

O que vou compartilhar aqui com você, é um pequeno resumo de cada um dos direitos que envolvem o trabalho realizado por um freelancer: o Direito Autoral, o Direito de Imagem e o Direito de Uso de Imagem. De forma bem simples, vou mostrar como eu faço e que funciona sem gerar nenhum conflito com os fotógrafos com quem eu trabalho.

Direito Autoral - É o direito adquirido pelo autor da obra, no nosso caso, quem faz/produz a imagem. Esse direito pode ser MORAL ou MATERIAL. O direito MORAL do autor é o que diz respeito, dentro outros, à sua autoria e é intransferível, ou seja, o freelancer é e sempre será autor das fotografias que fez, o que não necessariamente lhe dá o direito de possuir os arquivos originais do trabalho realizado. Porém, as imagens SEMPRE SERÃO SUAS. E o direito MATERIAL, é o que diz respeito à exploração econômica das imagens. Esse, o freelancer cede aos contratantes o DIREITO DE USO DAS IMAGENS. É importante que todas essas informações estejam previstas no contrato.

Por mais que pareça burocrático e que possa perder o cliente, insista na criação de um contrato como forma de preservar todos os seus direitos, além de demonstrar profissionalismo e credibilidade para quem vai te contratar.

Tornou-se praxe no mercado que o fotógrafo contratante não autorize ou disponibilize ao freelancer a posse das imagens que produziu. Muitas vezes, o freelancer é obrigado a usar um cartão fornecido pelo contratante e devolvê-lo ao final do evento. De um lado, isso pode ser positivo, pois o freelancer não precisa se preocupar com a custódia e backup dos arquivos. Por outro lado, ele muito provavelmente não terá acesso ao material para usar em seu portfólio.

O ideal seria que, independentemente de usar o cartão próprio ou do contratante, o freelancer tivesse acesso ao material produzido por ele. No meu caso, eu não faço questão de possuir os originais, mas sempre negocio a possibilidade de ter os arquivos escolhidos, tratados e entregues ao cliente. Primeiro, para que eu possa analisar o resultado do meu trabalho – o que ficou bom, o que foi aproveitado e os tipos de imagem que tiveram melhor desempenho. Em segundo lugar, se autorizado a postar em minhas redes sociais, evito o risco de divulgar uma imagem que não foi entregue.

Ter acesso às fotografias feitas, na minha opinião, é uma forma essencial de valorização do trabalho do freelancer.

Outro aspecto importante dos direitos autorais é a citação de créditos, obrigatória por lei. Durante a elaboração do contrato, as partes podem definir se o uso do crédito será individual ou compartilhado. Nesse caso, é fundamental usar o bom senso para estabelecer limites claros no documento.

Quando trabalho como freelancer, deixo meu EGO de lado em prol do pagamento pelo meu serviço. Estou ali para SERVIR o fotógrafo contratante, contribuindo para um pacote maior. Por isso, não exijo que meu nome seja citado em publicações que utilizem imagens produzidas por mim. Quando aceito o trabalho, automaticamente, estou aceitando ceder meus direitos patrimoniais para que o contratante tenha o DIREITO DE USO DAS IMAGENS para poder publicar o "meu trabalho", além de autorizar a OMISSÃO de minha autoria, que, como já disse, serei SEMPRE o autor. O importante para mim, nesse caso, é que gostem do resultado e que me convidem para outros trabalhos.

Por outro lado, quando recebo autorização para postar as imagens que produzi, sempre coloco na legenda "Trabalho realizado para Fotógrafo(a) X" (mesmo que o fotógrafo não exija), evitando que as pessoas assumam que eu fui o fotógrafo oficial daquele evento. Esse procedimento funciona muito bem para mim.

Direito de Uso da Imagem - Não confunda com DIREITO DE IMAGEM, que se refere à autorização da pessoa retratada para o uso de sua imagem. O direito de uso da imagem diz respeito à permissão para utilizar imagens produzidas pelo freelancer. Quando contratado, entende-se que o freelancer autoriza automaticamente o contratante a utilizar suas imagens. Contudo, por lei, isso não é automático.

O direito de uso da imagem requer autorização expressa do autor através de um contrato ou documento. Existem casos em que freelancers vetaram o uso de suas imagens por contratantes, seja em publicações ou em materiais impressos, caso não fossem devidamente ressarcidos.

Quando aceito um trabalho de freelancer, automaticamente autorizo o uso das imagens pelo contratante, pelos seguintes motivos: primeiro, faz parte do pacote; segundo, não autorizar poderia comprometer futuras oportunidades; terceiro, não faz sentido fotografar para alguém e impedir o uso das imagens, salvo em situações muito específicas ou quando o pagamento combinado não é efetuado.

Direito de Imagem - Esse é o direito da pessoa retratada na fotografia, como um casal ou uma família. No caso do direito de imagem, os termos assinados pelo contratante e pelo cliente também são válidos para o freelancer. Se o cliente autoriza o contratante a usar a imagem, o freelancer está igualmente contemplado. Caso o cliente proíba o uso, o freelancer, mesmo sendo o autor, não pode utilizá-las publicamente.

Esse direito é frequentemente utilizado pelos contratantes para justificar a proibição do uso de imagens pelos freelancers. Isso ocorre para evitar interpretações equivocadas por parte do cliente, que poderia questionar o motivo de ver uma fotografia em um perfil que não seja do fotógrafo oficial. Para evitar problemas legais, muitos contratantes preferem restringir a publicação.

Embora eu discorde dessa postura, compreendo os motivos. No entanto, quando há comunicação clara e transparente, as decisões podem ser ajustadas.

Lembram que eu disse que o combinado não sai caro? Pois bem, sempre que sou contratado, converso sobre diversos aspectos, incluindo a possibilidade de publicar ou não o evento. Na maioria das vezes, alcançamos um consenso que beneficia ambas as partes.

Como eu faço: Normalmente fotografo com o cartão do contratante, entrego-o ao final do evento, e o contratante realiza o backup, a seleção e o tratamento, enviando a galeria completa ao cliente. Quase sempre, recebo as imagens tratadas das fotos que foram aproveitadas. Espero entre 15 e 30 dias para publicar (quando autorizado), dando tempo ao contratante para divulgar primeiro. Quando publico, incluo os créditos "Trabalho realizado para Fotógrafo(a) X" e evito marcar clientes e fornecedores por questões de ética e respeito. Esse processo funciona e beneficia todos os envolvidos.

P.S.: Em alguns trabalhos, fotografo com meus próprios cartões, faço a seleção e a edição das melhores imagens e encaminho ao contratante, recebendo um pagamento extra por esse serviço. O processo de publicação, no entanto, permanece o mesmo.

Fotografia premiada em um concurso da Inspiration Photographers. Trabalho realizado para Riguetti Fotografia e Cinema.

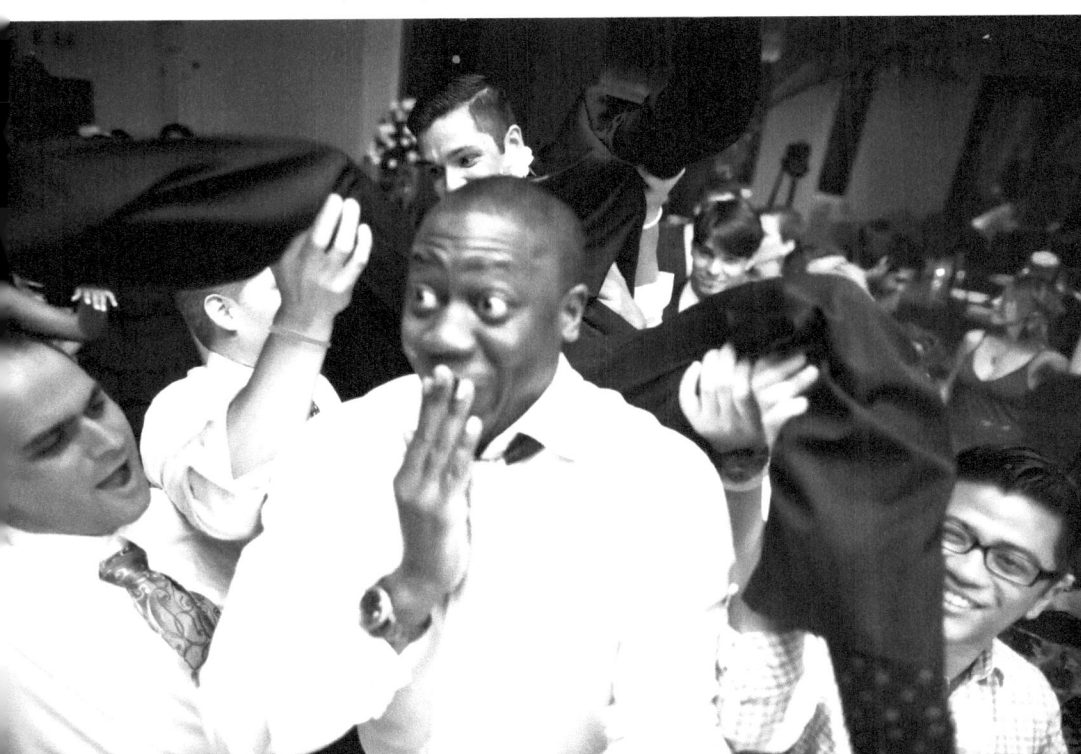

FOTOGRAFIA: @GABRIELTREVISAN

"Quem não valoriza o 2º fotógrafo ganha um concorrente"

COMO E QUANTO COBRAR PARA SER FREELANCER?

Chegou o momento do e-book mais esperado pelos freelancers. Vamos falar de valores do trabalho de um freelancer.

Vale lembrar que sou formado em Humanas, e que apesar de decorar números com uma certa facilidade, fazer contas e mexer no Excel não é a minha especialidade. Aliás, se você que está lendo esse e-book tem conhecimento na ferramenta, me manda uma mensagem.

Quando o assunto é precificação do nosso trabalho, existem várias maneiras de se chegar a um valor. É importante ressaltar que não existe o certo ou errado, mas sim, o que funciona melhor para mim e o que funciona melhor para você.

Abaixo vou listar alguma das maneiras em que é possível estabelecer um valor pelo seu trabalho, inclusive a que eu acho mais justa e vou mostrar como fazer o cálculo.

MODO Casas Bahia - Quem nunca ouviu a frase "Quer pagar quanto?". Esse era o bordão do garoto propaganda das Casas Bahia em um dos seus comerciais. Em teoria, o cliente "escolhia" o quanto queria pagar em um produto, mas que na verdade não era bem assim. Mas não estamos aqui para explicar a propaganda, e sim falar do quanto cobrar pelo seu trabalho.

No modo Casas Bahia, quem escolhe o quanto vai pagar é o fotógrafo contratante. Cabe ao freelancer analisar e verificar se o valor oferecido é suficiente ou não. E para saber se é ou não, você precisa saber o quanto custa o seu trabalho, e vamos ver isso mais para frente.

MODO Maria vai com as outras - Conhece essa expressão? Ela é usada quando uma pessoa não tem personalidade ou opinião própria sobre um assunto e acaba seguindo o que as outras pessoas falam ou fazem.

No caso do freelancer, o modo Maria vai com as outras é quando ao invés de fazer o cálculo do valor do próprio trabalho, ele faz uma pesquisa de mercado e cobra o mesmo ou a média do que outros fotógrafos/freelancers cobram.

MODO Dízimo - Não tem nada a ver com religião tá?! É apenas o nome que encontrei para ilustrar um modo que é baseado na porcentagem do valor total do trabalho. Esse não é ainda o modo ideal e depende muito do relacionamento entre as partes.

O modo Dizímo é baseado no valor do contrato fechado. A porcentagem a ser paga ao freelancer pode ser variável e negociável, mas pelas minhas contas e experiência, a média de 10% é algo plausível e justo.

Justo principalmente para quem paga, pois cada profissional contratante e cada tipo de trabalho tem um valor diferente. E em muitos casos, o freelancer não pode/consegue cobrar um valor fixo pelo seu trabalho. Exemplo: Um fotógrafo pode cobrar R$ 10.000,00 por um casamento, e pagaria R$ 1.000,00 para o freela (10%), mas outro profissional cobra apenas R$ 5.000,00, e não conseguiria pagar o mesmo valor para o fotógrafo que irá fazer parte da equipe. Ou, o fotógrafo de aniversário infantil não consegue pagar o mesmo que um fotógrafo de casamento (a não ser que as festas sejam tão caras quanto).

O valor de 10% não é aleatório, mas pode variar de acordo com cada profissional. Cheguei a essa porcentagem imaginando que o trabalho de um fotógrafo seja dividido em 5 etapas: Atendimento, Venda, Fotografar, Pós-produção e Pós-venda. Cada uma dessas etapas "receberia" 20% do valor do pacote, e como fotografar seria um trabalho feito por duas pessoas, cada um receberia 10%.

Validei esse modelo quando ao aplicar o modo que vamos ver a seguir, e os valores ficam bem próximos do que eu devo/cobro pelo meu trabalho.

MODO Eu sei o que estou fazendo - Para mim, esse é o melhor modo de precificação do trabalho. Primeiro: porque descubro o quanto eu gasto por mês e o quanto preciso para pagar os boletos (e isso pode assustar muita gente). Segundo: porque sei o quanto custa a minha hora de trabalho. E terceiro: com essas informações em mãos, tenho argumentos para aceitar ou não alguns trabalhos. Inclusive, posso decidir (estratégicamente) em alguns casos, aceitar o modo Casas Bahia ou Dízimo.

Agora é a hora de abrir a planilha do Excel e sofrer junto comigo ... Ah, vale lembrar que esse cálculo também vale para quem quer precificar o próprio trabalho sem ser freelancer.

Primeiro passo - É hora de saber qual é seu custo de vida. Coloque na planilha todos os gastos fixos da sua vida pessoal (água, luz, gás, internet, academia, cartão de crédito, financiamento, impostos, etc). Tudo, tudo mesmo. Entenda como gasto fixo, aqueles que você tem que pagar todo mês.

Se você já tiver uma carreira solo, e fazer freelancer for uma renda extra, o cálculo pode mudar um pouco, principalmente se for para precificar seu trabalho. É preciso utilizar a planilha acima para descobrir o seu "salário" e outra com os custos do estúdio.

Fez o levantamento? Vamos para o próximo passo.

Segundo passo - Com o seu custo de vida mensal devidamente planilhado e somado, você vai dividir pela quantidade mínima de trabalhos que quer/pode realizar por mês. Vamos imaginar que meu custo de vida é de R$ 2.000,00/mês e posso fotografar 1 casamento por final de semana.

R$ 2.000 dividido por 4 = R$ 500,00

Os R$ 500,00 são apenas uma base, não é o valor final.

Casos os eventos que você fotografa tenha durações diferentes, existe uma outra forma de calcular o custo base. Você precisa descobrir o valor base da sua hora de trabalho.

Para fazer o cálculo, você terá que dividir o custo (R$ 2.000,00), pela quantidade de horas a serem trabalhadas durante o mês. No nosso exemplo seriam 32 horas (4 eventos de 8 horas). Depois é só multiplicar pela quantidade de horas do evento que vai fotografar (4h, 8h, 10h, 12h).

R$ 2.000,00 dividido por 32 horas = R$ 62,50/hora

Nota: Não se esqueça de calcular sempre a quantidade minima de eventos, pois é uma garantia de conseguir pagar as contas. O que vier a mais é "lucro".

Nota 2: Estabeleça o custo base (R$ 500) como o valor mínimo para "sair de casa". Dessa forma, você não pagará para trabalhar quando o valor das horas trabalhadas for inferior ao valor base.

Terceiro passo - Todo trabalho tem um custo operacional. E vamos precisar somar esse custo com o valor do freelance. O que consideramos como custo de execução? Transporte, estacionamento, alimentação. O correto seria acrescentar o custo de desgaste do equipamento, mas é um cálculo muito complexo para o momento. Coloque um valor como poupança, R$ 50,00 ou R$ 100,00.

R$ 500,00 (custo base) + R$ 100,00 (custos de execução) + R$ 100,00 (taxa do equipamento) = R$ 700,00.

O valor de R$ 700,00, baseado no nosso exemplo, seria o valor "ideal" para um trabalho de 8 horas.

Quarto passo - Os valores apresentados acima são apenas uma simulação para mostrar como funciona o cálculo. Cada região, cidade e cada profissional tem suas características e valores. Grandes centros e profissionais renomados tendem a pagar mais pelo trabalho, mas a cobrança também aumenta. Cidades menores, com custos mais baixos, tendem a pagar menos.

É importante analisar e mercado e adptar o seu negócio. Se o valor do freelance ficar acima do que o mercado paga e isso dificultar a contratação, basta aumentar a quantidade de trabalhos, que automaticamente o valor por evento será menor. Ao invés de 4 casamentos por mês, faça 6, 7, 8, ou outros trabalhos menores, como aniversário infantil, ensaios e etc.

Um outro tabú que existe no mercado, principalmente quando o fotógrafo contratante utiliza mais de um freelancer no evento, é se o valor pago deve ou não ser igual. E a minha opinião sobre esse assunto é: DEPENDE.

Hora por hora, ou seja, se ambos trabalham pelo mesmo período, devem sim receber o mesmo valor, porém existem outros fatores que podem diferenciar um do outro. O comprometimento e a criatividade podem ser requisitos que diferenciem os trabalhos. Se um for "pau para toda obra" e o outro criativo, podem até se equivaler, mas são fatores que podem "ajudar" a aumentar o valor a ser recebido.

  E por falar em valor a ser recebido, quero deixar uma última dica sobre esse tema: Normalmente, o freelancer recebe seus pagamentos de forma "parcelada", a cada trabalho um pagamento. Sendo assim, muitos não conseguem se organizar financeiramente. O ideal é planejar e não gastar assim que os pagamentos caem na conta. Sugiro abrir uma conta em um banco (digital ou físico), e receber todos os pagamentos através dela, depois defina um dia do mês para fazer o saque do "salário", como um funcionário CLT.

QUANTO TEMPO PARA DEIXAR DE SER FREELANCER?

Essa é a única pergunta do e-book que não saberei te responder. Assim como na fotografia, a profissão de freelancer não tem um tempo definido. Cada caso é um caso, individualmente falando.

Tenho amigos que dizem que gostariam de ter começado na fotografia dessa forma, outros dizem que se pudessem voltar atrás, teriam seguido carreira solo desde o começo. E tem alguns, como o próprio Fabio Laub, que falam que se pudessem escolher seriam apenas freelancers.

O tempo de transição de freelancer para um fotógrafo dono do próprio negócio vai depender da capacidade de aprendizado, da coragem, da dedicação de cada um. Quanto mais ele absorver e colocar em prática aquilo que aprendeu e acredita, mais rápido poderá assinar suas fotografia e quem sabe, espero que sim, contratar um freelancer.

A única coisa que posso garantir é, que leu esse e-book, já economizou tempo (e alguns erros) para conseguir alcançar seus objetivos. Concorda?

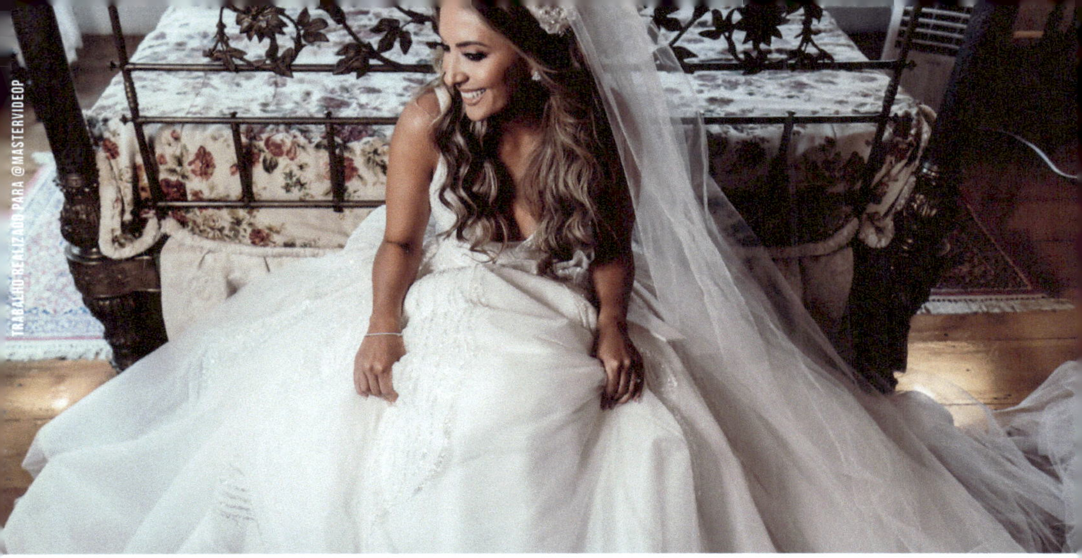

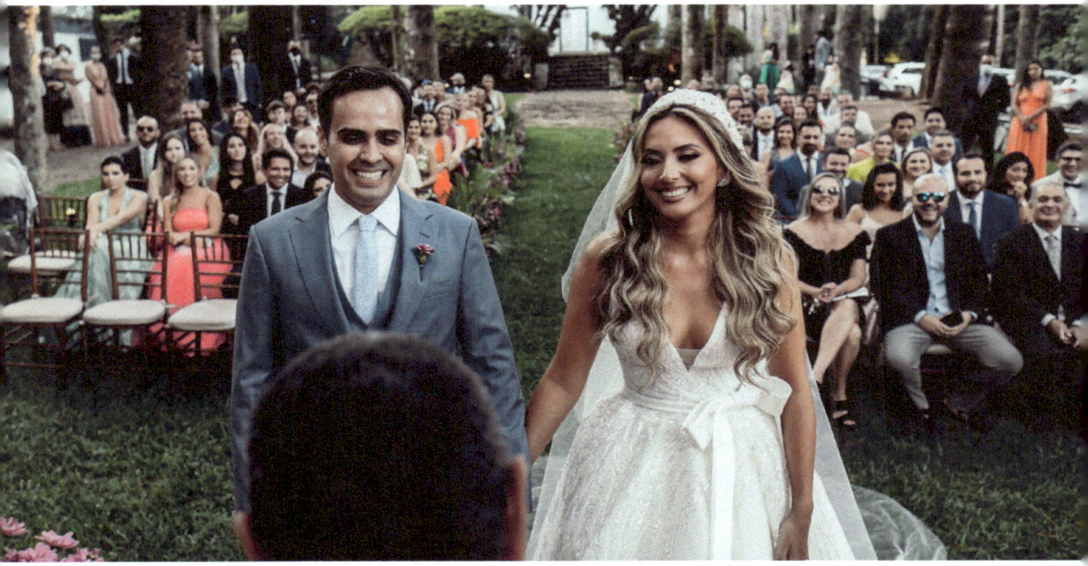

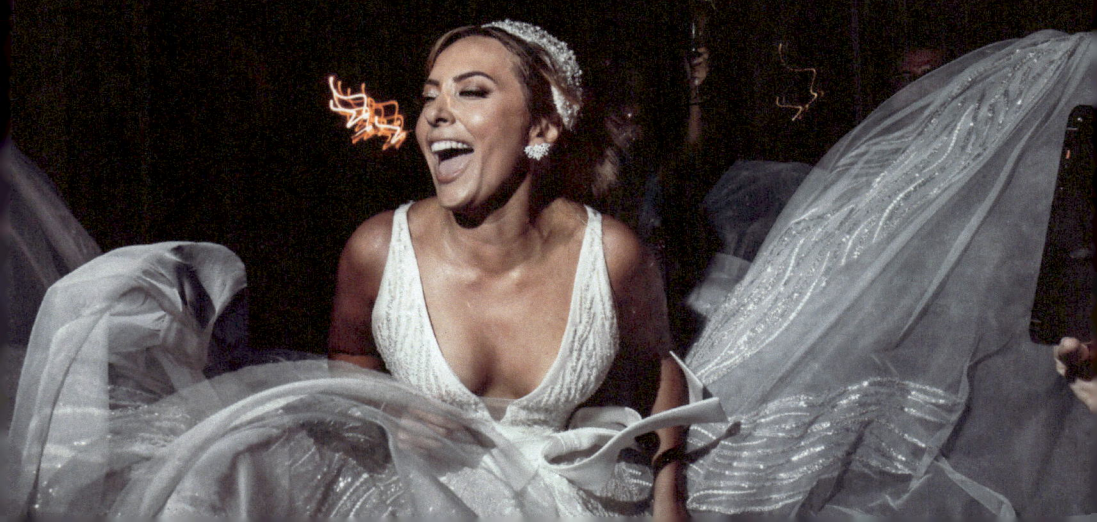

CARTA AO FOTÓGRAFO FREELANCER

Querido fotógrafo freelancer,

Este e-book, foi escrito baseado nas minhas experiências de 13 anos como fotógrafo, trabalhando com mais de 40 profissionais (alguns mais conhecidos, outros nem tanto) e com os mais diversos tipos de clientes. Nada aconteceu de uma hora para outra, foi tudo uma construção.

No seu percurso, você vai ouvir muitos NÃOS, a grande maioria dos fotógrafos vão mais fechar as portas do que abri-las, e nem sempre vão fazer aquilo que gostaríamos que fizessem (mesmo que eles leiam esse e-book). Mas isso não significa que você tenha que desistir. Entre um não e outro, entre uma porta fechada e outra, você deve se preparar para quando uma oportunidade aparecer, e agarrá-la da melhor forma que puder. Estude e pratique aquilo que aprendeu exaustivamente, para estar pronto quando alguém abrir as portas para você.

E não ache que só os fotógrafos "famosos" podem te ensinar algo. Aliás, as principais oportunidades de trabalhar com outros profissionais vão estar mais aos seus colegas de profissão do seu bairro, da sua cidade, do que com profissionais que são referência no mercado.

Não é um caminho fácil, mas é um bom caminho para quem quer viver daquilo que mais gosta, FOTOGRAFAR.

CARTA AO PRIMEIRO FOTÓGRAFO

Se você não é um fotógrafo freelancer e não tem a pretensão de ser, mas adquiriu esse e-book para entender um pouco mais desse mercado e ter uma visão ampla e que pode agregar ao seu negócio, tenho uma coisa para lhe dizer: "Parabéns! Você é com certeza um profissional que realmente quer ver a profissão ser valorizada e que muitos outros fotógrafos gostariam de trabalhar junto".

Mas antes de finalizar o ebook, gostaria de deixar um último recado, uma última dica:

Pagar o justo ou até um pouco a mais é apenas uma forma de valorizar o trabalho de quem está contribuindo para a sua empresa. Nas páginas deste livro, foram citadas várias formas de contribuir para o desenvolvimento do profissional que irá fazer parte da sua equipe, como: Ensinar algumas técnicas que você usa durante um trabalho, dar feedback sobre o trabalho realizado, dar dicas do que e como melhorar sua fotografia, dar acesso ao trabalho realizado e, quando possível, deixar com que ele use esse material para criar o portifólio e publicá-lo.

São ações como essas que fazem um freelancer se tornar um profissional mais ético, comprometido, dedicado e em constante desenvolvimento, trazendo ainda mais retorno técnico para completar o que você já entrega para o cliente. Pense nisso!

www.ingramcontent.com/pod-product-compliance
Lightning Source LLC
Chambersburg PA
CBHW040328220526
45473CB00009B/2611